경제무식자,
불온한 경제학을
만나다

김성구 지음
워커스 기획

차례

5

저성장과 실업, 부와 소득의 극심한 양극화, 비정규직 차
별, 금융 투기와 금융 위기, 막대한 가계 부채, 금수저-흙
수저 논란을 가져온 격차의 대물림, 무한 경쟁, 불안한 노
후, 무능하고 부패한 정치권…. 신자유주의하 변화된 자본
주의 세계를 지배하는 주요 현상들이다. 어쩌다 이런 세계
를 맞이하게 된 건지, 이런 세계가 도대체 어떻게 작동하는
건지, 다른 세계가 가능하기나 한 건지, 질문도 답도 없이
대부분의 사람은 괴물이 되어 버린 우리의 경제 세계를 두
려워하면서 다만 힘들고 불안한 나날을 살아가고 있다. 나
는 이 세계에서 어떻게 살아남을 수 있을까, 내 노후는 어
떻게 되나. 이것이 사회에 첫발을 내딛는 그 순간부터 청년
세대를 짓누르는 유일한 질문, 화두라는 게 오늘날의 현실
이다.

강단의 지배적인 경제학, 부르주아 경제학, 신자유주의 경
제학은 우리에게 이런 현실을 설명해 주는 '과학'이 아니

6

다. 많은 사람이 이런 난국을 헤쳐 나갈 길을 경제학에서 찾기를 기대하지만, 이 경제학의 세계에는 이와 같은 현실의 경제 문제들은 존재하지도 않는다. 이들이 가르치는 경제학의 세계는 공황도 없고, 실업도 없으며, 경쟁은 최적의 균형 상태를 가져올 뿐이고, 시장 참여자들은 모두 공정한 분배 몫을 얻는 이상적인 세계이기 때문이다. 대학에서 미시 경제학, 거시 경제학을 배우고 석·박사까지 고급 과정을 다 이수해도 이런 경제학은 우리에게 어떤 도움도 되지 않는다. 그건 사람들의 눈을 멀게 하는 사악한 종교, 이데올로기일 뿐이다. 부르주아 경제학의 세계와 자본주의 현실 사이의 이 메울 수 없는 간극을 직시한다면, 노벨 경제학상에 빛나는 경제학자들도, 수많은 경제학 교수도, 경제학 박사도 결코 제대로 된 현실적인 인간들이라 할 수 없을 것이다. 사변적이고 왜곡된 사고를 하는 인물들에게 경제의 해법을 기대하고 있으니 우리가 이런 참담한 세계에 갇혀 사는 게 당연하지 않겠는가?

자본주의의 객관적 관계, 구조와 역사, 그리고 신자유주의의 현실을 설명해 줄 유일한 '경제 과학'은 마르크스(주의) 경제학뿐이다. 마르크스주의 경제학의 눈을 통해서만 우리의 삶을 옥죄는 자본주의 현실의 비밀에 접할 수 있고, 그 비밀이 이해될 때에만 비로소 현실을 바꿔 나갈 길도 찾을 수 있다. 마르크스주의 경제학에 대한 부르주아 사회의 온갖 중상과 비방은 다름 아니라 마르크스주의 경제학이 노동자 대중과 함께 바로 이 길을 추구하기 때문이다. 물론 마르크스주의 경제학의 역사에서 나타난 적지 않은 오류와 혼란도 되돌아볼 문제지만, 그렇다고 마르크스 경제학의 과학성이 조금이라도 부정되는 건 아니다. 우리가 오늘날의 현실을 비판적으로 독해하기 위해 여전히 마르크스의 경제학에 근거해야 하는 것도 이 때문이다.

그래서 이 책도 마르크스주의 경제학의 관점에 입각해 있다. 이 책은 〈워커스〉 창간호(2016. 3. 16)부터 제16호(2016. 6. 29)까지 진행된 '경제 무식자들'이란 기획 연재에서 경제 무식자를 자처하고 나선 김도연, 김용욱, 윤지연 기자와 저자의 인터뷰를 단행본으로 엮은 것이다. 단행본 출간에 맞춰 부분적으로 수정하고 보완했다. 아울러 김공회 박사가 마르크스주의의 현재적 문제와 관련해 이 책의 해설을 쓰는 수고도 마다하지 않았다. 다른 누구도 쉽게 모방할 수 없는 격조 높은 해설 덕분에 책의 품격도 빛나게 되었다.

마르크스주의 경제학은 기본적으로 어렵다고 정평이 나 있지만, 이 책은 일반 독자를 대상으로 한 것이고 또 인터뷰 형식의 대담이어서 비교적 평이하게 읽어 나갈 수 있다. 마르크스주의 경제학을 통해 우리가 처한 자본주의 현실의 주요한 경제 문제들에서 온갖 부르주아 대변인들의 허튼소리를 넘어 사안의 본질적 관계를 꿰뚫어 보는 안목을 가질 수 있기를 기대한다. 이런 것이 쌓여 우리 사회를 바꿔 나갈 원동력이 될 것이다.

저자 혼자였다면 아마도 이 책은 꿈도 꾸지 못했을 만큼 세 기자의 도움이 컸다. 인터뷰 기획 자체도 그렇고, 경제와 경제학에 대해 일상에서 느꼈던 의문과 고민을 그대로 드러낸 질문들, 그리고 번거로운 인터뷰 녹취록의 작성까지 모두 이들의 작업이었다. 김도연, 김용욱, 윤지연 기자와 이 책의 출간을 함께 자축하고 싶다. 또한 김공회 박사에게도, 또 나름북스의 김삼권 편집자에게도 진정으로 감사의 마음을 전한다.

2016년 9월 13일
김성구

뜬금없는 사회주의?

: 왜 지금 마르크스주의 경제학인가 ①

자본주의 안에
사회주의 있다

Q (경제 무식자) **몇 년 전부터 경제가 어렵다는 이야기가 계속 들려요. 하긴, 경기가 좋다는 얘긴 들어 본 적이 없네요. 조만간 1997년 외환 위기 때 같은 경제 위기가 또 올 거란 말도 있던데, 왜 경제는 늘 안 좋은 거예요?**

A (김성구) 자본주의 시장 경제가 지금 장기 불황에 빠져 있기 때문이죠. 불황이 오래 가고 있다는 겁니다. 1970년대 이래 세계 경제가 장기 침체에 빠져 있어요. 자본주의 역사상 세 번째 장기 침체입니다. 물론 장기 침체에 빠져드는 시기는 나라마다 좀 다릅니다. 하지만 2008년 금융 위기 이후에는 대부분의 국가가 이런 상황이죠. 원래 자본주의엔 근본적인 모순이 있기 때문에 주기적으로 과잉 생산, 공황이 일어날 수밖에 없어요. 그것이 폭발해서 자본주의 재생산의 조절 시스템이 마비돼 버리고요. 이런 모순과 위기를 분석할 수 있는 이론은 마르크스주의 경제학뿐이죠. 부르주

아 경제학에선 자본주의 시스템에 내재적 위기는 없다고 가르칩니다. 역사에서 공황이 10년마다 반복되는데도 말이죠. 그런데 자본주의는 공황을 통해 다시 시장 경제가 확대 재생산의 토대를 갖추게 됩니다. 공황으로 공황의 모순들을 모두 정리하고 경기 순환에 의해 경제가 새롭게 확장해 나가는 거죠. 이런 식으로 자본주의 경제가 19세기에는 문제 없이 돌아갔어요. 시장 경제가 가장 완성된 형태로 발전된 시기죠. 그런데 20세기에 들어오면 이런 시스템이 작동을 안 해요. 그 변화의 정점이 1914년 제1차 세계 대전입니다. 그 이후로 자유주의 시장 경제가 명백한 위기에 처하게 되고, 공황과 경기 순환을 통해서 자본주의 경제의 고성장을 유지해 나갈 수 없게 돼요. 그 상징적인 사건이 1930년대 대공황입니다. 심각한 장기 침체에 빠진 거죠. 자본주의 경제가 고도로 성숙한 형태에서, 발전기를 지나 쇠퇴기로 들어섰다는 의미예요. 자본주의가 제 발로 움직이는 게 어려워진 시대가 된 겁니다.

Q 선생님 말씀대로면 수십 년 전에 자본주의가 망했어야 하는 거 아닌가요?

A   망하지 않은 이유가 있어요. 자본주의 시장 경제에 심각한 위기가 찾아오자 바로 그곳에서 국가가 개입했기 때문입니다. 자본주의 경제의 위기를 관리하고 공황으로부터 자본주의를 구제하는 기능을 국가가 떠맡게 돼요. 국가 개입주의가 그때부터 제도화되기 시작합니다. 국가 개입주의가 자리를 잡게 됐다는 말은 자본주의가 노쇠했다는 표현이기도 해요. 자본주의 모순과 위기가 심화된 거죠. 국가 개입의 주요한 토대로 국가 재정, 국가 소유, 관리 통화 제도 세 가지를 들 수 있어요. 통화 제도의 경우 그 이전까지는 금 본위 제도였어요. 금 본위 제도하에서는 중앙은행도 금 본위 제도 법칙에 기본적으로 종속돼 있는데, 관리 통화 제도가 되면 통화 정책에서의 자율성을 얻게 돼요. 그렇게 위기관리를 할 수 있는 길이 열립니다.

Q   그러니까 국가가 개입해서 자본주의를 구원한다는 거네요. 하지만 그게 자본주의의 쇠퇴를 반증한다는 거죠?

A   단지 쇠퇴만을 말하는 건 아니에요. 국가의 개입 자체가 일정한 사회화, 사회주의적 요소라는 것이죠. 국가 재

정은 사적 범주가 아니라 사회적 형태잖아요. 국민 세금을 집단적으로 지출해 소비를 진작시켜 주는 거니까요. 또 국유 기업이라는 건 국민 전체 소유의 기업이니 형식적으론 사회주의 기업이죠. 이런 것들은 미래 사회주의 사회의 요소들이에요. 자본주의가 위기에 부딪히면서 자신을 구원하기 위한 수단을 미래 사회에서 얻는 거죠. 그래서 뉴딜이 들어설 때 자본가들이 강력하게 저항했어요. 명백한 사회주의 정책이었거든요. 우파는 루즈벨트가 소련 간첩이라는 선동까지 하면서 뉴딜을 공격했습니다. 그래서 부르주아 경제학자들이 당시 자본주의를 혼합 경제니 수정 자본주의니 하는 말로 표현하는 거예요. 혼합 경제라는 건 자본주의 경제와 사회주의 경제를 섞었다는 얘기예요. 수정 자본주의는 사회주의를 통해서 자본주의를 수정했다는 말이고요. 자본주의가 위기에 부딪히면서 자본주의 구원을 위해 사회주의적 요소에 의지하는 과도기 경제 체제가 된 겁니다.

Q 그래도 사회주의는 너무 먼 얘기 같아요. 영원히 안 올 것 같기도 하고요. 정말 사회주의가 실현될 수 있을까요?

A   마르크스주의자들이 단순히 공산주의 이념을 위해서 생산 수단의 공동 소유, 집단적 계획을 주장하는 건 아니에요. 그건 자본주의 모순의 발전이라는 현실에 근거하고 있어요. 오늘날은 국가 개입 없이 자본주의적인 사적 경제 메커니즘만으로 자본주의를 조절하고 관리할 수 없을 만큼 위기가 심화된 상태예요. 마르크스주의자들이 자본주의로부터 사회주의로의 이행이 역사 속에서 불가피하다고 평가하는 이유 중 하나예요. 19세기에는 이런 일이 거의 없었거든요.

사적 자본주의적 경제가 완전하게 작동해 나간다면 사회주의로의 이행은 어려울 겁니다. 자본주의는 사적 소유와 시장 경쟁에 기반을 두지만 사회주의는 공동 소유와 계획에 근거한 거잖아요. 노동자들이 혁명을 통해 국가 권력을 장악한다고 해도 시장 경쟁으로 연결된 수십만, 수백만 사기업들을 국유화해서 계획적으로 재생산을 조직할 수 있을까요? 불가능할 거예요. 마르크스도 그런 고민이 있었을 겁니다. 19세기 마르크스가 미래 사회를 구상할 때만 해도 그런 사회주의적 범주들이 없었어요. 일종의 강령적인 딜레마가 있는 거예요. 그런데 20세기에 오면 그렇지 않아요.

독점 자본, 재벌 경제가 형성되면서 그 범주들이 뚜렷하게 생깁니다.

19세기 말이 되면 주식회사들이 전반적으로 일반화돼요. 그리고 카르텔이라든지 트러스트라는 독점 조직들이 만들어지고요. 주식회사는 재벌 총수 한 사람의 기업이 아니라 무수히 많은 주주의 공동 소유 기업이잖아요. 또 카르텔과 트러스트는 시장 경쟁을 제한하고 시장을 계획적으로 조직하려는 겁니다. 이렇게 재벌 경제는 이미 사회화가 진전된, 미래 사회의 요소들을 내포하고 있습니다. 그럼으로써 노동자 계급이 재벌 부문을 사회화해서 확장된 국가 부문을 토대로 사회주의적 계획을 실행할 길이 열리는 거죠.

자본주의, 자본가를 위기에 빠뜨리다

Q 그런 것 치고 자본주의는 그럭저럭 잘 굴러가는 것처럼 보여요.

A   예, 자본주의가 아직 최종적 위기에 직면하진 않았어요. 하지만 생산력이 진보하고 기계화가 점차 진행되면서 생산 과정에서 노동력이 계속 축출된다는 게 마르크스의 기본 축적 법칙이에요. 결국 사회에 상대적 과잉 인구가 계속 쌓인다는 거죠. 자본가 계급에게 노동력이라는 건 이윤 착취의 원천인데 생산 과정에서 노동력을 계속 축출해 나가면 이윤율이 경향적으로 저하됩니다. 자본 축적이 자본가 계급의 미래도 암울하게 만드는 거죠. 기술 진보로 인해 공장뿐 아니라 사무 노동에서도 자동화가 이루어지잖아요. 마르크스의 축적 법칙을 보면 자본가의 미래도 없고, 노동의 미래도 없어요. 이윤율은 저하하고 산업 예비군이 누적되고 구조화되니까요.

Q   **좀 어려워요. 그러니까 자본주의가 발전해서 자동화가 일반화되면 일자리가 줄어들고 그래서 실업자가 더 많이 생긴다는 말씀인가요?**

A   네, 맞아요. 다만 이윤율은 단선적으로 저하하지는 않습니다. 이윤율 저하를 상쇄하는 요인들이 있지요. 그래

서 이윤율 저하는 경향적으로 나타나고 상쇄 여하에 따라서는 이윤율이 개선될 수도 있어요. 그러면 장기 성장을 보입니다. 요컨대 자본 축적에서 두 가지 경향이 나타나는 거죠. 하나는 자본 축적에 따라 노동력을 계속 축출하면서 이윤율이 저하하는 것, 다른 한편으론 이윤율이 개선될 때 경제가 고도성장하면서 노동 인원을 흡입하는 경향이에요. 자본주의가 고도성장하던 시기에는 그래도 노동력을 흡수하기 때문에 실업을 단순한 경기 순환의 문제로 봤어요. 그런데 이윤율이 저하하는 장기 불황의 시기로 들어서면서 상황이 달라진 거죠. 호황 국면에서도 그렇게 많은 성장이 이루어지지 않으니까 고용은 잘 안 늘고 실업자들이 쌓이는 거예요. 그러면서 마르크스 얘기처럼 이윤율 저하에다 산업 예비군의 구조화, 만성화가 현실화되고요. 노동자들뿐 아니라 자본가들도 위기로 들어선 거죠.

Q 망해도 삼 대가 아니라 삼십 대는 먹고살 것 같은 그 자본가들에게 위기가 닥친다고요?

A 마르크스는 자본주의하 생산력 발전의 모순과 위기

때문에 자본주의가 그 체제를 유지할 수 없고, 이런 결과를 초래하는 생산관계, 소유관계를 전복해서 이 문제를 해결할 수밖에 없다고 분석한 거죠. 그런 징후들은 20세기에 들어서면 구체적으로 드러나요. 장기 불황 속에서 자본주의 경제가 독점 자본주의, 나아가 국가 독점 자본주의로 이행하면서 이 문제를 해결할 토양이 만들어진 겁니다. 국가 독점, 국가 부분의 확대가 해결의 싹들인 거죠. 물론 아직 자본주의적 해결책이 소진됐다고 얘기할 순 없어요. 자본주의 질서를 유지할 대안 수단이 남아 있는 건 사실이지만, 위기가 계속 심화되고 있는 것도 사실이에요.

Q   생산력이 발전해서 결핍이 해소되면 사회주의 경제의 토대가 나올 수 있다는 말이, 어떻게 보면 경제가 성장하면 과실을 나눌 수 있다는 기업가들의 주장과도 비슷한 것 같아요.

A   전혀 달라요. 사회주의 사회로 이행한다는 건 경제 성장을 한다, 생산력이 진보한다는 것만이 아니라 생산력의 진보 속에서 자본의 소유관계와 생산관계를 지양한다는 얘기예요. 그런데 정부나 부르주아 경제 단체들이 성장

을 통해 분배를 한다는 건 자본주의 생산관계를 유지하는 상태에서 분배 조건을 개선할 수 있다는 주장이잖아요. 마치 경제가 성장하면 자동적으로 분배 조건이 개선될 것처럼. 하지만 자본주의하에서 분배 조건의 개선을 위해서도 노동자 계급의 강력한 투쟁과 정치권력이 요구됩니다.

요약하면 생산력의 진보 속에서 자본주의의 조화로운 발전은 이루어지지 않고 위기가 동반된다는 거예요. 위기 과정을 극복하기 위해선 자본의 소유관계를 전복해야 한다는 거고요. 그래서 재벌들을 사회화 형태로 전환해야 한다는 얘기죠. 그 위에서 국가를 통해 재생산을 관리한다는 겁니다. 시장 경제의 분배 조건을 개선하는 게 아니라 시장의 기제를 국가가 대체하는 거예요. 이렇게 재벌들의 경제적 토대를 사회주의적인 형태로 전환하는 것은 성장을 통한 분배라는 주장과는 전혀 다른 문제죠.

왜 자본주의 경제는 늘 안 좋은가?

; 자본주의는 쇠퇴기이자 장기 침체에 빠져 있다.

쇠퇴기인데도 자본주의가 살아남는 이유는 무엇인가?

; 국가가 개입해 자본주의를 구원하기 때문이다.

사회주의는 가능한가?

; 가능하다. 독점 자본, 재벌 경제 형성이야말로 미래 (사회주의) 사회의 요소다.

경제가 성장하면 과실을 나눌 수 있나?

; 못한다. 재벌을 사회화 형태로 전환하고 그 위에서 국가를 통해 경제를 관리해야 가능하다.

아! 들끓는 헬조선

: 왜 지금 마르크스주의 경제학인가 ②

근데
저도 노동자인가요?

Q 선생님, 예전에 비하면 사람들이 일하는 형태나 직종이 훨씬 다양해졌잖아요. 그래서 큰 공장에서 일하는 생산직 노동자를 제외하고는 자기가 노동자라고 생각하는 사람들이 거의 없는 것 같아요. 혹시 마르크스의 분석틀이 이미 낡은 건 아닐까요?

A 그동안 노동자들 내에서 계급 구성에 변화가 있었지만, 마르크스주의적 분석은 여전히 유효합니다. 마르크스주의 이론에서도 노동자 계급의 구성 변화라든지 서비스 부문의 팽창 등을 다 분석하고 있어요. 사실 사무직 노동자들만의 문제는 아니에요. 사무직이든 생산직이든 노동자로서 착취를 당하지만, 자본주의의 각종 지배 이데올로기가 일상적으로 작용하면서 착취 관계가 노동자들의 의식 속에 제대로 반영되지 못하는 거죠. 다만 생산직 노동자는 생산 과정에서 자본의 감독, 지휘하에 집단적으로 같이 작업하기 때문에 착취 관계가 보다 직접적으로 나타

나고 그래서 착취에 대한 저항과 조직력, 임금 노동자로서의 정체성이 사무직 노동자들보다 더 강합니다. 사무직 노동자들은 태반이 자기가 '노동자'라는 생각을 안 하잖아요. 중산층이라고도 하고요. 실제로는 그게 이데올로기 효과 때문이에요. 그 사람들도 다 노동자죠.

Q 스스로를 노동자라고 생각하든 그렇지 않든 모두 노동자라면 노동자인지 아닌지를 구분하는 기준이 있을까요?

A 노동자냐 아니냐를 가늠하는 절대적인 기준은 자산 소득을 통해서 먹고살 수 있느냐 아니냐예요. 불로 소득, 그러니까 이자 받고 이윤 배당받고 임대료 받고 하면서 일 안 하고 평생을 먹고살 수 있는 사람들, 그리고 자본을 토대로 남을 고용해서 이윤을 영유하는 사람들은 노동자 계급이 아닙니다. 자산 계급이죠. 자산 소득이 일부 있느냐 없느냐가 중요한 게 아니에요. 노동자들도 자산을 일부 보유하지만 그건 부차적인 거죠. 그걸로 먹고살 수 없는 사람 대부분은 주소득이 노동 소득이잖아요. 대학 교수들도 대학에서 해고되면 먹고살 수 없어요. 그런데도 노동자라

고 생각하는 교수는 별로 없어요. 학교에서 재단이 고용하지만 상당히 자유롭고 연구실에 자기 혼자 있고, 통제받지 않으니까 더 그렇거든요. 사무직 노동자와는 근무 조건이 또 다르죠. 그런데 자기가 직장인 대학을 그만두면 먹고살 길이 없거든요. 그럼 교수도 노동자죠. 노동자들마다 생산 조건, 근무 조건이 다르니까 사람들이 이걸 이해하지 못하는데 실제로 인구 대부분은 노동 인구예요. 자신의 노동력을 판매해서만 먹고살 수 있는 사람, 이 사람들이 노동자들이죠.

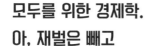

모두를 위한 경제학.
아, 재벌은 빼고

Q   노동자들이 아닌 자영업자나 소농들도 있잖아요. 노동자 중심의 사회로 변화시키자고 하면 이 사람들이 같이하려고 할까요?

A　　　지금 사회주의를 추구하는 세력이 당면한 문제는 재벌의 독점 이윤 지배를 지양하는 문제예요. 여기에는 노동자들만이 아니라 자영업자나 소농 심지어 중소 자본가들도 이해관계가 일치하죠. 왜냐면 독점 이윤의 지배 때문에 노동자들만 착취당하는 게 아니라 자영업자나 중소 하청 기업들도 수탈당하기 때문이에요. 이런 이해관계 때문에 노동자들의 반독점 사회화 요구에 이들도 함께할 수 있는 거죠. 독점 이윤의 지배를 지양하는 길은 재벌의 경제적 토대를 사회화하는 거예요. 재벌들이 그룹 수준에서 생산과 투자를 전부 관리하잖아요. 이걸 국가 부문으로 넘기면 국가가 투자와 생산을 전부 관리하게 되죠. 더구나 재벌들의 독점 이윤 원리에 입각하지 않고 사회주의적 목표에 입각해 사회화된 재벌을 조절할 수 있어요. 생산, 판매와 가격 책정, 고용과 임금 결정, 노동 시간과 작업 조건 등 모든 게 재벌이 지배할 때와 달라집니다. 노동자, 자영업자, 소농, 하청 자본가, 일반 소비자들까지 재벌의 착취와 수탈에서 벗어나 경제적 생활 조건이 개선되지요. 우리가 과연 할 수 있을까요? 할 수 있습니다.

Q   사실 사람들이 재벌 체제를 인정하는 것은 재벌들이 회사를 가장 잘 운영할 거라는 생각 때문인 것 같아요. 삼성은 이건희, 현대차는 정몽구가 제일 잘할 거라는 생각이요.

A   그거야말로 환상이에요. 2016년 롯데의 형제 간 경영권 분쟁에서 보듯이 그냥 소유권 다툼일 뿐입니다. 특히나 한국 재벌은 세습으로 이루어져 있어 가장 비민주적인 형태라고 할 수 있어요. 바꿔서 생각해 보면 재벌도 하는데 국가가 못할 게 없는 거죠. 지금 그룹 총수가 이 모든 걸 다 하나요? 그렇지 않아요. 이미 기업 내에서나 재벌 내에서 운영과 관리가 상당히 사회화돼 있는 상태입니다. 누가 들어가도 다 할 수 있어요. 물론 능력은 필요하지만. 워크아웃이나 기업 회생 절차에서 채권단이나 법정 관리인이 그런 일을 다 맡거든요.

다만 그걸 사회화시킨다는 건 정치적 권력의 문제예요. 사회주의 운동은 사회화를 지향하면서 사람들로부터 정치적인 힘을 동원하는 거거든요. 재벌의 사회화와 경제 정책의 전환이 사람들의 이해관계와 맞닿아 있다, 대중의 삶을 획기적으로 개선할 수 있다, 이런 사실을 설득하면서 정치적인 확산을 도모하는 거예요.

헬조선을 탈출하는
방법

Q   그러니까 재벌을 사회화하는 방향으로 경제 정책을 바꾸
는 것이 노동자나 자영업자, 소농 모두에게 더 이익이라는 걸 이
해시키고 설득해야 한다는 말씀이네요.

A   그렇죠. 청년들, 비정규직 노동자들, 자영업자들 모
두 헬조선이다, 이 나라에서 죽네 사네 하는데, 이 사람들
이 살 수 있는 길은 한 가지밖에 없어요. 우리나라에서 독
점 재벌과 대자산 계급을 잡는 것 외에는 다른 방법이 없
다고요. 하청 기업 노동자들의 열악한 임금 조건은 재벌 대
기업과 하청 기업들 간의 수탈 관계를 청산하지 않으면 개
선할 길이 없어요. 그렇지 않으면 규제라도 강화해야 합니
다. 예컨대 대기업들이 높은 수탈 이윤을 얻지 못하도록 하

청 계약 등에 국가가 법령을 통해 개입해서 하청 기업 노동자들 임금을 높이게 한다든지 해야죠. 그럼에도 중소기업이 정말 지불 능력이 없으면 국가가 중소기업 노동자들에게 임금 보조금을 지급할 수도 있어요. 대기업들, 자산 계급, 대기업에 고용된 고액 노동자들에게 높은 세금을 부과해서 그 세금으로 하청 노동자들 임금을 보전하고 각종 사회 보장을 할 수 있죠. 그래야만 비정규직 노동자, 하청 노동자가 살 수 있어요. 다른 길은 없는 거죠.

자영업자들도 마찬가지예요. 그 취약한 경쟁 조건을 보호하고 지원하려면 우리나라 재벌 대기업들과 대자산 소유자들을 잡아야 해요. 골목 상권 보호나 임대차 규제, 임대료 인하 같은 요구가 모두 재벌과 부동산 소유자를 규제하는 문제죠. 자영업자들에 대한 사회 보장도 강화해야 돼요. 그밖에는 우리나라가 헬조선에서 탈출할 수 있는 길이 없어요. 나머지는 다 부수적인 것들이에요. 그런데 이른바 사회적 경제는 이런 걸 안 건드리겠다는 거거든요. 이런 걸 안 건드리고 사회적 경제의 생존 조건이나 임금 조건을 개선할 수 있느냐? 절대 못 합니다.

민주당도 재벌 규제가 필요하다고 하고 규제하겠다고 하
는데 그 정도 개혁이론 안 되는 건가요?

A   민주당이나 정의당 할 것 없이 그런 개혁에는 재벌
의 지배 체제는 수용한다는 전제가 있어요. 시민 단체들이
하는 주장도 마찬가지죠. 장하준의 복지 국가론도 그렇고
요. 그 사람들이 서로 논쟁하는 것처럼 보이지만 공동의 합
의점이 있어요. 재벌 지배 체제를 용인하는 선에서 부분적
으로 재벌들의 권력을 제한하는 거죠. 시민 단체들은 기본
적으로 소자본적 관점에서 소액 주주 주장을 하고, 장하준
씨의 경우는 노동자들과의 분배 관계를 개선하는 측면에
초점을 맞춰서 그런 주장을 해요. 재벌들의 권력을 제한하
고 이윤을 통제하자는 주장을 시민운동은 소자본 관점, 장
하준은 계급 타협적 관점에서 제기하는 거예요.

이런 시민운동이라든지 소자본가적인 운동으론 재벌을 개
혁할 수 없습니다. 그런 걸로는 대중의 생활 개선을 기대할
수 없어요. 획기적인 반재벌 정책으로의 전환이 필요하기
때문에 결국 좌파 정당들의 사회화 운동을 통해 할 수밖에
없는 거죠. 그래야 사무직, 생산직 노동자와 자영업자의 이

익을 다 대변할 수 있어요. 이런 이해관계의 대립을 이해하지 못하거나 또는 알고 있더라도 조직력과 힘이 모자라 못하는 것뿐이죠.

Q   그럼 소액 주주 운동* 같은 것도 의미가 없는 건가요?

A   주식회사라는 게 사회적인 소유 형태인데 주식 지분에 대한 소유는 개인적이고 사적이에요. 사회화이긴 하지만 불완전한 사회화죠. 소액 주주들은 그냥 자본가예요. 소액 주주들의 운동을 사회주의 운동이나 사회주의로 가기 위한 과도기적 운동이라고 할 수 없어요. 소액 주주들의 운동은 대자본가에 대한 소자본가들의 운동으로 자신들의 지분에 대한 권리, 또는 자기의 지분 가치를 높이기 위한 운동이기 때문에 독점과 대자본에 대한 저항이라 해도 노동자나 자영업자의 반독점과는 성격이 전혀 다른 겁니다.

*   소액 주주의 권한을 강화해 비정상적인 재벌의 소유 지배 구조와 문어발식 경영 행태를 민간 차원에서 감시하고 기업 경영의 투명성을 높이고자 1990년대 말 시민 단체인 참여연대가 중심이 되어 진행했던 시민운동.

자산 계급 운동이죠. 주식회사 자체가 사회화라는 과도기 형태를 띠지만 불완전한 거예요. 그렇지만 1930년대 이후에는 국가 소유, 국가 계획이라는 점차 강력한 사회주의적 형태가 나타나요. 앞 장에서 말한 것처럼 사회주의로의 이행이라는 게 현실화될 수 있는 경제적 토대죠.

공장이 아닌 사무실에서 정신 노동하는 나도 노동자인가?

; 불로 소득(자산 소득)으로만은 먹고살 수 없고, 자기 노동력
을 팔아야만 먹고살 수 있다면 모두 노동자.

사회주의는 노동자가 주체라던데, 자영업자나 농민은 사회주의적
사회로의 변화에 참여 못 하나?

; 자영업자나 농민도 재벌의 독점 이윤 지배에 착취당하기
때문에 이들도 반독점 사회화 요구에 함께할 수밖에 없다.

이재용이나 정몽구가 경영을 잘하고 있는데 굳이 국가가 재벌을
사회화할 필요가 있을까?

; 기업 내 운영과 관리는 이미 상당 부분 사회화돼 있다. 걔들
없어도(없으면 더?) 잘 굴러간다.

재벌 규제 강화 정도로는 부족한가?

; 우리 생활 수준의 개선을 위해선 획기적인 반재벌 정책이 필
요하다. 좌파 정당들의 사회화 운동으로 시도할 수밖에 없다.

무엇이 공정함인가

: 마르크스주의 경제학에 대한 우리의 편견 ①

자본주의적 경쟁 원리와
사회주의적 보상 원리

Q 학교에서 사회주의를 배울 때 꼭 등장하던 일화가 텃밭 이야기였어요. 사회주의 국가에는 공동 텃밭과 개인 텃밭이 있는데, 인간은 이기적이라 개인 텃밭만 열심히 가꾸어서 결국 공동 텃밭은 망해 버렸다고. 이렇게 인간 욕망을 부정한 게 현실 사회주의 국가들이 망한 이유라고요. 사유 재산 제도를 옹호하려고 만들어 낸 이야기일지는 몰라도 당시엔 일리가 있다고 느꼈어요. 일을 많이 하든 적게 하든 동일하게 분배하는 체제에서 사람들이 일을 하려고 할까 싶고요.

A 그건 사회주의에 대한 곡해이고 악성 선동입니다. 사회주의하에서도 성과의 차이, 즉 노동의 질과 양에 따른 보상의 차이가 있습니다. 성과의 차이에 관계없이 보수를 받을 수 있는 건 높은 단계의 공산주의 사회에서나 가능한 것이죠. 공산주의의 낮은 단계인 사회주의에서는 '능력에 따라 일하고 노동에 따라 분배받는' 원리가 지배하죠.

Q 엇! 사회주의랑 공산주의가 다른 거였나요? 학교에서는 구분 없이 배웠던 것 같은데. 둘의 차이는 뭔가요?

A 자본주의 사회에서 공산주의 사회로 이행되는 과도기들이 있거든요. 사회주의 혁명 직후부터 사회주의로의 이행기, 그리고 사회주의에서 높은 단계의 공산주의로 가는 이행기 말이죠. 전자의 이행기에는 사회화된 재벌 부문과 국가 부문 등 사회주의 부문 외에 여전히 중소 자본이나 소농 경제 같은 자본주의와 상품 경제가 광범위하게 잔존하죠. 여기서는 자본주의와 상품 경제의 범주가 부차적이긴 하지만 여전히 작용할 수밖에 없습니다. 가격, 이윤, 임금, 경쟁, 등가 교환의 원리, 이런 것들이요. 후자의 이행기에서는 자본 관계와 이윤은 지양되지만 여전히 분업과 상품, 화폐 경제의 범주가 남아 있어요. 사회주의의 생산력은 모든 사람의 풍요를 위해서는 아직 불충분하고 사회주의 계획도 불완전하기 때문이죠. 사회주의 부문의 전반적 지배로 인해 상품, 화폐의 성격이 많이 달라지긴 하지만, 사회주의 계획 경제의 운용을 위해 상품, 화폐 범주가 보충적으로 사용되는 겁니다. 사회주의하에서 생산력이 한층 발

전하고 계획 경제가 완전하게 운용되면 마침내 공산주의의 높은 단계로 이행하는 거죠. 이 단계에서 비로소 상품, 화폐와 등가 교환의 원리, 그리고 분업과 계급, 노동의 차이 자체가 지양되는 자유로운 개인들의 연합체가 실현되는 거죠. 여기서는 능력에 따라 일하고 필요에 따라 분배됩니다.

Q   서, 선생님… 저, 절반도 이해를 못 한 것 같아요. 그러니까 어쨌든, 사회주의를 거쳐서 공산주의로 간다는 말씀이신 거죠…?

A   요컨대 높은 단계의 공산주의 사회로 이행하기까지의 과도기, 즉 사회주의로의 과도기만이 아니라 사회주의 단계에서도 부차적이지만 상품, 화폐와 등가 교환의 원리가 작용하고, 그에 따라 노동의 차이에 따른 분배의 차이가 불가피하단 얘기예요.

Q   그럼 사회주의에도 불평등이 있는 건가요? 그렇다면 사회주의도 좀 별론데요. 저희 세대는 경쟁과 격차라면 지긋지긋하거든요.

<u>A</u>   그렇다고 이게 자본주의 사회와 같지는 않아요. 자본주의 사회에서 노동자 계급에게는 성과 보상의 원리가 전일적으로 작용해요. 시장에서는 노동의 질적 차이나 양적 차이가 있으면 임금의 차이로 나타나잖아요. 그게 절대 법칙이죠. 바꿀 수가 없어요. 하지만 사회주의 사회에서는 노동에 따른 분배, 성과 보상의 원리를 채택한다 하더라도 전일적으로 지배하지 않아요. 이 사회는 과도기 사회이고 미래 공산주의의 높은 단계로 넘어가면 노동의 차이가 다 해소돼야 하기 때문에, 성과 보상의 원리도 과도기에서 제한적으로 적용되는 것이죠.

다시 말해 자본주의의 보상 원리가 그대로 작동하는 게 아니라 소득과 분배의 많은 부분이 국가의 집단적 소비 기금에 의해 보충된다는 거예요. 노동력의 질이 나쁘고 노동 시간의 기여가 적은 사람들이라도 무조건 자기가 일한 대가만 받는 게 아니에요. 이미 사회주의 경제가 건설돼 있기 때문에 국가가 막대한 재정적 토대를 갖추고 있잖아요. 예를 들면 주택이라든지 교육, 의료, 노후 보장, 이런 것들을 국가가 뒷받침해 주는 거죠. 여기는 노동에 따른 분배와 성과 보상의 원리가 아니라 무보상, 비보상의 원리가 적용됩

니다. 결국 제한된 범위 내에서 노동자들의 성과 보상의 원리가 작동되는 거죠.

Q **교육, 의료, 노후 보장 같은 건 자본주의 사회도 어느 정도 되지 않나요?**

A 물론 오늘날 자본주의 사회에서도 노동자들이 받는 직접 임금 외에 간접 임금, 즉 사회 보장 급여가 있죠. 사회 보장 정책을 통해 직접 임금을 보충하거든요. 여기서도 성과 보상의 원리가 작동되는 게 아니고 국가를 통한 연대의 원리가 작동해요. 쉽게 말해 소득 재분배를 이루는 거예요. 사회주의 사회에서는 이 무보상, 비보상, 연대의 원리가 자본주의와 비교해 결정적으로 더 강화되는 거죠. 그리고 성과 보상의 원리는 그만큼 약화됩니다. 그렇지만 노동자들 간의 노동의 차이, 분배의 차이는 여전히 남아 있어요.

‖ 자본주의가 공정하다는 허상

Q   사람들은 경쟁과 보상이 사회를 발전시키는 원동력이라고 굳게 믿고 있잖아요. 성과에 따른 보상이야말로 자본주의 시장 경제의 공정한 분배 원칙이라고도 하고요.

A   자신의 성과에 따라 보상을 받는 게 자본주의의 공정한 분배 원칙이라고 주장들 하지만, 자본주의하에서는 사실 진정한 성과 보상의 원리가 작동하지 않아요. 성과 보상의 원리는 노동 소득에 대해서만 적용하죠. 자산 소득은 성과 보상의 원리가 적용되지 않아요. 자본주의 변호론자들이 사기 행각을 벌이면서 대중을 기만하고 현혹하는 거죠. 자본주의 사회에서는 모두가 공정하게 자기가 노동한 대가, 생산에 기여한 대가로 성과를 보상받는다, 공정한 사회다라는 식의 선동을 하지만, 실제로 자본주의 사회에서 자산 소유 계급은 노동을 안 하고 그냥 불로 소득을 받아요. 자산 소유자들은 이자 받고 배당 이윤 받고 임대료 받고 살잖아요. 이건 자기들의 생산 활동에 대한 대가가 아니라 그냥 소유에 대한 대가거든요. 근데 노동자들의 근로 소득은 생산에 기여한 대가예요. 여기는 성과 보상의 원리가 작용하죠. 자본주의는 기본적으로 불평등한 사회예요. 그

런데 자산 계급들에게도 마치 노동자들의 성과 보상의 원리가 작용하는 것처럼 자산 소득을 정당화하고 자본주의 사회를 변호하고 합리화합니다.

Q   그러네요. 그 사람들 말처럼 성과 보상의 원리가 진짜 제대로 작동했다면 건물주가 우리 모두의 소원이 되진 않았을 텐데. 그럼 사회주의가 되면 이런 불공정한 상황은 없어질까요?

A   사회주의 사회로 가면 자산 소유에 근거해 노동력을 착취하거나 이윤의 분배에 참여하는 계급이 없어져요. 최초의 혁명으로 재벌 부문이 사회화되면 재벌 계급이 일단 없어지고, 그 다음 단계인 사회주의로 들어서면 자본가 계급이 없어져요. 그럼 성과 보상의 원리만 남잖아요. 이제 소유 계급, 자산 계급이 없어져 버리니까 불로 소득이 없어지는 거예요. 자본주의가 아니라 사회주의가 진정으로 공정한 사회죠. 하지만 사회주의하에서 아직 미래 사회로의 이행이 완료된 게 아니기 때문에, 성과 보상의 원칙이 아직 남아 있는 겁니다. 노동자들의 생산에 대한 기여의 차이, 거기에 따른 보수의 차이, 불평등을 용인할 수밖에 없습니

다. 공산주의적 인간이 아직 아닌데 보다 높은 노동 성과를 내고도 거기에 미치지 못하는 보수를 받는다면, 생산 활동에 주체적으로 참여해서 기여하려 하지 않겠죠. 이 사람들에게 생산의 기여를 끌어내려면 그런 인센티브나 차이를 줘야 해요. 그래서 사회주의 사회에서도 아직 그런 차이가 남아 있는 거죠.

Q   아, 그래서 사회주의를 종착지가 아니라 과도기라고 하는 거군요.

A   사회주의의 물질적 토대를 만들고 사회주의적 기업이 창출됐어도, 공산주의의 가장 중요한 요소인 생산력의 발전, 자발성, 창발성이 완전하게 실현, 성취된 단계는 아닌 거죠. 그 단계에서는 아직 개개인이 완전한 공산주의적 도덕성을 갖고 생산 활동을 하지는 않기 때문에 물질적인 자극, 즉 노동의 차이에 따른 보수의 차이가 필요한 시기예요. 사회주의란 결국 한편에서 대중의 자발성을 동원하고 다른 한편에서는 물질적 자극으로 성과 경쟁을 도모하는 모순적인 방식을 결합해서 생산력의 일층의 발전과 개개

인 인격의 전면적 발전 그리고 완전한 계획을 도모하는 거죠. 물론 전자의 방식이 고양되고 후자의 방식은 약화, 소멸되는 과정을 통해 공산주의의 높은 단계로 이행합니다. 참 어려운 과제죠. 현실 사회주의가 실패한 근본 이유의 하나도 이 과제를 성공시키지 못한 데 있어요.

Q   그럼 공산주의 단계에 이르면 경쟁도 없고 성과에 대한 보상도 없어지는 건가요? 전 좋지만, 분명 또 누군가는 그런 사회에서 누가 노동을 하려 하겠냐고 반론할 것 같아요.

A   공산주의의 높은 단계에 이르면 노동의 의미가 크게 달라집니다. 생산력이 고도로 발전하고 모두를 위한 풍요로운 사회로 이행되면, 노동은 단지 생존 수단을 넘어 그 자체가 생활의 일차적인 욕구가 된다고 하죠. 이제 노동이 인간의 기본 욕구라는 말입니다. 그때는 사람들이 공산주의적 인간으로 성숙해서 사회의 계획이라든지 사회적 재생산의 여러 문제들을 다 이해할 수 있어요. 따라서 사회 운영에 주체적으로 참여하고 자발적으로 협력해 갈 수 있습니다. 능력 있는 사람은 더 일하고, 개인적인 이익이 아

닌 공동의 이익을 위해 일을 마다하지 않는 그런 사회가 됩니다. 사회주의 사회는 그런 단계는 아니에요.

Q   지금 자본주의를 보면 제가 살아 있는 동안 그런 사회가 올까 싶어요.

A   이 단계로 가는 데 시간이 얼마나 걸릴지 가늠할 수 없어요. 정말 그런 사회가 도래할지, 또는 유토피아 같다는 생각도 들죠. 아무튼 그 과정 중에 사회주의 경제가 그런 실험을 하는 거예요. 할 수 있다고 생각하고요. 실천이 필요한 것이죠.

사회주의에서는 노동을 얼마나 하든 보상에 차이가 없다?

; 사회주의하에서도 성과의 차이, 즉 노동의 질과 양의 차이
에 따른 보상의 차이가 있다. 다만 성과 보상의 원리는 제한
적으로 적용되고 교육, 의료, 노후 보장 등은 국가가 뒷받침
해 주는 무보상, 비보상의 원리가 적용된다.

그런데 성과 보상의 원리는 원래 자본주의의 분배 원칙 아닌가?

; 노동 소득에 대해서만 성과 보상의 원리가 적용되고 자산
소득은 성과 보상의 원리가 아니다. 자본주의에선 진정한 성
과 보상의 원리가 작동하지 않는다.

성과 보상의 원리가 사라진 공산주의 사회에서는 누가 일하지?

; 노동의 의미 자체가 달라진다. 생산력이 고도로 발전하고
모두를 위한 풍요로운 사회로 이행되면, 노동은 단지 생존 수
단을 넘어 그 자체가 생활의 일차적인 욕구가 된다.

욕망을 넘어설
디딤돌이 있다면

: 마르크스주의 경제학에 대한 우리의 편견 ②

사회 제도적 토대에 영향 받는 인간 욕망

Q   인간의 원초적 욕망이나 이기심은 없앨 수 없잖아요. 그런데도 공산주의 사회가 제대로 작동할까요?

A   보통 자본주의 변호론자들이 사회주의 체제와 자본주의 체제를 대비하면서, 자본주의는 이기심을 통해서 아주 이상적인 시장 경제가 달성되는 것처럼 얘기하고 사회주의 계획 경제는 인간의 원초적인 본능을 부정하고 인위적으로 제도를 창출하려 한다고 비판합니다. 그래서 사회주의가 실패했다는 거죠. 사회주의가 물질적 자극, 노동에 따른 분배를 부정하는 게 아니라는 건 앞 장에서 이미 말했던 거죠. 그런 주장은 기본적으로 사회주의 이론을 잘 모르고 하는 말입니다. 그럼 공산주의의 높은 단계에서는 인간이 욕망과 이기심을 넘어설 수 있는가, 이게 문제겠죠.
마르크스가 그린 공산주의는 지금으로서는 상상 속에 있지만요, 상당한 현실적 토대를 갖고 있어요. 사회주의 생산력이 한층 더 성장하고 모두를 위한 풍요가 보장되면, 그리고 인간이 생산력의 발전에 따라 노동 시간이 단축되고 생산 과정에서 해방되면, 풍요 속에서 여유 시간을 개개인의 인격 발전에 사용하면서 공산주의적 인간으로 성장합니다. 그러면 욕망이나 이기심이 자리 잡기는 쉽지 않을 겁니다. 이런 풍요롭고 자유로운 세계에서는 개인이 필요한 것을 다 분배받을 수 있기 때문이죠. 오늘날 자본주의에서의 인간과는 근본적으로 다른 유형의 인간이 될 겁니다.

Q   **그럼 마르크스주의 경제학이 상정하는 인간은, 주류 경제학이 전제하는 '이기적 인간', '욕망하는 인간'과 다른 거예요?**

A   마르크스주의 경제학에선 기본적으로 인간은 경제 관계, 생산관계에 의해 규정되는 계급이라는 관점에서 접근합니다. 물론 개별 인간에 따른 차이도 존재하고, 또 생산관계와 계급 관계에 의해 인간이 규정된다 하더라도 상대적으로 자립적인 정신세계의 작용에 따른 차이도 존재하겠죠. 하지만 근본적으로는 물질적 토대가 규정한다는 입장이에요. 자본주의에서 공산주의로 물질적 토대와 생

산관계가 바뀌면 인간의 유형도 바뀔 거라는 말입니다. 인간의 욕망이 타고난 부분도 있을 테지만, 기본적으로는 대중을 풍요로부터 배제하는 결핍의 문제 때문에 생기거든요. 또 생산관계에 의해 규정되는 사회 제도나 사회의 운영 원리에 영향을 받습니다. 소유의 지배나 계급 지배를 지양해서 선진 자본주의같이 풍요로운 생산력을 국가가 대중을 위해 사용하기 시작한다면, 인간의 욕망 문제가 많이 해결될 수 있어요.

저도 미국에 가 보지는 않았는데, 정말 풍요로운 사회라고 해요. 미국의 빈민층은 사는 게 그렇게 열악한데, 보통 사람들이 사는 모습을 보면 너무 많은 상품과 서비스가 흥청망청 넘쳐흐른대요. 가난한 사람들은 거기서 배제되고. 빈곤한 사람들의 욕망이 없을 수 없죠. 그런데 자본주의 사회에서는 그렇게 풍요로워도 그 풍요로운 사람들이 더 많은 부와 자산을 욕망하거든요. 인간의 본능이라기보다는 사회 제도의 영향이 더 크죠. 자본주의 시스템은 경쟁과 이윤 원리에 입각해 있고, 이 때문에 부의 증대와 집중을 추구하니까요. 그 시스템 속에서 사람들은 더 큰 부를 축적하려고 해요. 그게 마르크스가 얘기한 자본 축적의 기본

법칙이에요.

Q 사회주의 시스템이 된다고 그런 욕망이 사라질까요?

A 그 욕망을 끊임없이 추구할 수 있는 제도적 기반, 자본과 경쟁을 철폐해야죠. 그리고 자본주의에서 발전된 높은 생산력을 국가가 집단적으로 소비할 수 있는 길을 열어주는 방식으로 사회 제도가 바뀐다면 어떨까요? 그럼 사람들이 그렇게 각박하게 살려고 하지 않아요. 국가가 교육도 시켜 주고 일자리도 줘서 먹고살 수 있고, 주택도 마련해 주고 노후도 보장해 주면, 사람들이 뭐 때문에 그렇게 더 많은 돈을 벌려고, 자기 욕망을 추구해 나가려고 아등바등하겠어요.

문제는 원초적인 본능이냐 인위적인 계획이냐가 아니라, 욕망의 문제들이 발생하는 사회 제도적인 토대를 바꿔 나가는 거예요. 그 위에서 생산력의 발전이 가져온 성과를 같이 향유하면, 미래 사회는 지금과 정말 다른 사회가 될 수 있어요. 공산주의 사회라는 건 확실히 그런 모든 문제가 완전히 없어진 사회여서 유토피아적 측면이 있지만, 사실 그게 유토피아인지 아닌지는 모르죠. 다만 사람들의 의식이라든지 생활 태도, 인생관이라든지 가치관, 이런 게 전부 획기적으로 바뀔 수 있다는 생각이 들어요. 자본주의 사회에서조차도 사회 복지가 확립된 서방 국가들을 보면, 우리처럼 경쟁이 아주 심한 자본주의 국가에서 자란 사람들과 많이 달라요. 하물며 공산주의 사회에선 사람들이 얼마나 많이 바뀌겠어요.

Q 생산력의 토대가 확보되면 본성에 좌우되는 인간이 바뀔 수 있다는 건가요?

A 생산관계와 생산력이죠. 인간의 욕망이 이윤 추구로 나타나는 건 화폐 경제와 자본주의하에서입니다. 인간의 본능이나 권력 추구는 봉건 사회에도 있었지만, 자본주의 사회와는 조건이 달라요. 영주의 수탈이 있지만, 공동체에서는 경쟁보다 연대와 부조가 지배적이었어요. 다만 생산력이 낮은 상태라서 그 사회에서는 결핍의 문제들이 부각됩니다. 자본주의 사회에서는 생산력이 더 발전하면서도 자본의 이윤 원리가 전 사회를 지배하니까 욕망을 극단

으로 추구하게 돼요. 그러니까 사람들이 풍요로워지면서도 욕망의 지배를 당하는 거죠. 대중은 배제되는 측면이 있고요. 여기도 결핍의 문제가 있는 거고. 그러면서 또 경쟁의 원리는 더 강화되고요. 인간의 욕망이나 본능을 부정하는 게 아니에요. 다만 바뀌 나갈 수 있는 여지가 크고, 설령 남아 있더라도 공산주의 사회가 되면 그렇게 중요하게 작용하지 않을 거라는 겁니다.

Q 마르크스주의에서 언급하는 '프롤레타리아 독재'라든가, '독재'라는 말엔 거부감이 들어요. 박근혜 정부도 독재라고 비판받잖아요. 독재는 나쁜 거 아닌가요?

A 프롤레타리아 독재와 박근혜 독재를 동일 선상에서 비교할 수는 없습니다. 박근혜 독재는 부르주아 독재죠. 야권에서는 파시즘이란 의미로 박근혜 독재를 운운하는데, 그건 잘못된 주장입니다. 박근혜 정권은 파시즘이 아니라 부르주아 민주주의에 입각해 있어요. 하지만 파시즘이든 부르주아 민주주의든 모두 부르주아 독재 유형입니다. 프롤레타리아 독재든 부르주아 독재든 계급 독재를 말하는 거죠.

자본주의 사회에서 공산주의 사회로 이행하기 위해서는 프롤레타리아 독재가 지배하는 기간이 반드시 필요해요. 혁명 후 노동자 계급이 권력을 장악해도 자본가 세력이 물질적인 토대를 많이 가지고 있거든요. 사회주의로의 이행기나 사회주의 사회의 초기 국면이라는 건 노동자 계급이 국가 부문과 재벌 부문을 장악했다는 것뿐이거든요. 광범위하게 중소 부르주아들도 남아 있는 사회에요. 러시아 같은 경우도 소농 계층이 인구의 다수였죠. 그러니까 시장 경제와 자본주의 시장 경제의 토대들이 광범하게 있는 상태에서 사회주의 경제 부문을 장악해도 공산주의로 이행하는 과도기 사회는 굉장히 취약한 체제라고 볼 수 있어요. 이 체제에서 국가 부문을 중심으로 공산주의 사회로의 이행을 준비하는 겁니다. 그 단계에서는 일단 광범위하게 존재하는 소자본가들, 자본 관계를 지양해야 해요. 또 소농들은 협동조합으로 전환시켜서 집단화함으로써 집단적인 소유 형태로 만들어 나가야 하는 거죠.

Q   소농을 협동농장으로 전환시키면 반발하지 않을까요?

A   반발이 심할 거예요. 오히려 재벌을 장악하는 건 간단한 일이죠. 독점 재벌은 대중의 지탄과 원성을 받던 수탈, 착취 계급들이니까요. 또 재벌은 인구 구성상 얼마 되지도 않잖아요. 하지만 소자본가, 특히 소농 계급은 대중이거든요. 이들은 사회주의의 주체로서 성장해야 할 그런 대상이에요. 여기서 자발성의 동원과 물질적 자극, 성과 경쟁을 결합해야 하는 사회주의의 어려운 과제가 제기된다고 말한 바 있습니다. 그뿐만 아니라 이 단계에서는 상품 경제와 자본 관계의 온존에서 비롯되는 자본의 저항도 위험한 요소가 됩니다. 이런 상태하에서 사회주의적 경제 토대를 창출하려면, 그 반발도 잘 다스려야 해요. 그렇지 않으면 사회주의 권력은 유지가 안 돼요. 이행기에 사회주의의 물질적 토대를 창출하는 것도 필요하고, 이를 위해 정치적인 지배권을 장악하는 것도 중요하기 때문에 프롤레타리아 독재라는 말이 나오는 거죠.

사회주의 단계가 확립되면 이제 자본가 계급이 지양되지만, 이 시기도 여전히 공산주의로의 이행기입니다. 상품과 화폐 범주 속에 자본 관계의 흔적이 남아 있을 뿐 아니라 구 소련의 붕괴나 현재 중국 사회주의의 자본주의로의 역

이행에서 보는 바와 같이 새로운 자본 관계가 발전할 수도 있습니다. 사회주의에서도 자본 관계, 계급 투쟁의 문제가 남아 있는 한, 프롤레타리아 독재도 여전히 불가피한 거죠. 공산주의의 높은 단계에 이르면 프롤레타리아 독재도 소멸됩니다.

마르크스주의 경제학은 인간의 욕망을 부정하나?

; 아니다. 다만 욕망이 끊임없이 추구되는 제도적 기반, 자본과 경쟁을 철폐하고 자본주의에서 발전된 높은 생산력을 국가가 집단적으로 소비할 수 있는 길을 열어 주는 방식으로 사회 제도가 바뀐다면 그런 본능이 변화할 여지가 크다. 설령 남아 있더라도 공산주의 사회가 되면 중요하게 작용하지 않을 것이다.

프롤레타리아 독재가 꼭 필요한가?

; 혁명으로 노동자 계급이 권력을 장악해도 자본가 세력이 물질적인 토대를 많이 가지고 있다. 자본의 저항 같은 위험한 요소 아래서 사회주의적 경제 토대를 창출하려면 프롤레타리아 독재가 지배하는 기간이 필요하다.

우리는 어쩌다
잉여가 되었을까

‖ 네 탓이 아니야,
‖ 문제는 신자유주의!

Q   요즘 대부분의 청년들이 자신을 잉여라고 생각하잖아요.
실제로 고용되기도 어렵고, 되더라도 불안정하고요. 자기 계발
서에서는 내 문제라고, 나만 잘하면 시대가 어떻든 잘살 수 있다
고 하는데, 한편으론 우리가 내몰릴 수밖에 없는 구조인 것 같기
도 해요. 이런 불안한 삶이 구조적인 문제인지 개인의 문제인지
잘 모르겠어요.

A   노동자 계급의 생존은 원래 비극적이에요. 자본주
의하에서 고용이라는 건 자본가가 이윤을 낼 때만 가능하
거든요. 고용되기 위해서는 자본가에게 높은 이윤을 제공
해 줘야 합니다. 그 말은 거꾸로 이윤이 만족스럽지 못하면
고용도 없다는 거죠. 지금 문제는 자본가들이 이윤 전망을
갖고 있지 못하다는 겁니다. 그러니까 투자가 안 되고 고용
도 안 되는 거죠.
이건 근본적으로 구조적인 문제입니다. 이런 문제의 배경

에는 세계적 장기 불황이 있어요. 자본주의 경제는 경기 순환의 형태로 성장을 해 가거든요. 호황 국면에서는 고용이 확대되고 불황 국면에서는 실업이 증가하면서 경기 순환적으로 실업 문제가 제기됩니다. 그런데 장기 불황의 시대가 오면 공황과 불황이 상대적으로 더 강화되고 순환적인 호황은 약해져요. 그러니까 평균적으로 보면 장기간에 걸쳐서 경제가 크게 성장하지 않는 거예요. 그래서 실업이 해소되지 않고 구조화되죠. 그러다 보니 장기 불황이라는 긴 시간 동안 실업 문제가 좀처럼 해결되지 않고 있어요.

장기 불황은 국가별로 시간적 차이를 두고 계속되고 있는데, 기본적으로 1970년대 중반부터 시작됐습니다. 그 당시에 미국 자본주의, 유럽 자본주의가 장기 침체 국면에 들어갔어요. 당시 자본주의의 세 중심인 유럽, 미국, 일본 중에 두 중심이 장기 침체에 빠진 거죠. 미국 경제는 1990년대 중반부터 2000년까지 상대적으로 고성장을 기록하면서 일시적으로 장기 침체 국면에서 빠져나왔어요. 그러다 2000년대 들어 닷컴 경제의 거품이 꺼지고 다시 장기 침체에 들어선 상황에서 2008년 금융 위기의 타격을 추가로 받았죠. 유럽 경제는 1970년대부터 40년째 장기 침체 상태에서 벗어나지 못하고 있어요. 실업률이 1980년대 이후부터 지금까지 거의 10% 수준이에요. 호황기 때는 10% 아래로 조금 낮아지고 공황이 오면 다시 10% 이상으로 올라가기를 반복하면서 고실업이 구조화되었죠. 일본 경제는 조금 달라요. 1970년대 오일 쇼크 공황 때에도 빠르게 공황을 탈출해 1990년대 초반까지 계속 고성장을 했거든요. 그러다 1990년 일본 버블이 붕괴하면서 장기 침체에 빠져들었어요. 일본은 경기 순환을 말하기도 어려울 정도로 20년 이상 장기 불황에 빠진 상태예요.

동아시아 지역은 1970년대 이후 세계적인 장기 침체 속에서도 고성장을 하던 지역인데, 일본이 1990년대 초에 무너지고 한국 및 동남아시아 국가들도 1997년 외환 위기를 겪으면서 성장세가 꺾였죠. 반면 중국 사회주의가 자본주의로 역이행하면서 세계 자본주의의 새로운, 또 하나의 중심으로 부상했어요. 중국은 계속 고도성장을 하고 있어요. 많은 사람이 중국의 고성장이 무너지는 게 아닌가 우려하지만, 아직까지 7% 좀 안 되는 수준의 고성장을 하고 있습니다. 세계 경제의 주요 국가 중 드물게 고성장하는 곳이 중국과 인도 정도인 셈이죠.

장기 침체로 들어간 건 사실상 신자유주의 시대가 열리면서부터예요. 인과 관계를 보면 1970년대 세계 불황을 극복하고자 신자유주의 경제 정책으로 전환했는데, 이게 위기를 해결하는 정책이 아니라 위기를 더 심화시키는 정책이어서 장기 불황을 고착화하는 돌이킬 수 없는 결과를 가져온 거죠. 우리나라가 지금 겪는 실업이나 고용 문제의 원인도 근본적으로 외환 위기 이후 정책 전환에 있어요. 외환위기 이후 한국 경제가 신자유주의, 저성장, 고실업 체제로 전환됐거든요. IMF 구제 금융을 받고 김대중, 노무현 정부가 그 길을 열었습니다. 이들이 우리나라 신자유주의의 원조인 거죠. 그리고 이명박 정부와 박근혜 정부에서 충실하게 그 정책을 계승했죠. 세계적인 장기 불황의 논리 속에 갇히게 된 겁니다.

Q **결국 신자유주의와 장기 불황의 문제인 거네요.**

A 신자유주의 정책이라는 게 원래 경제 불황 속에서 자본가들의 이윤을 개선시켜 주겠다, 그래서 공황과 위기를 타개하겠다는 거거든요. 이윤율 조건을 상당히 개선한

건 사실이에요. 그럼에도 자본가들은 실물 경제에서 만족할 만한 수준으로 수익률을 올릴 수 없다고 판단한 거죠. 그래서 투자를 안 하는 거예요. 그에 따른 저성장과 고실업, 이게 근본적인 문제인 것 같아요.

신자유주의 정책이 가져온 차별화, 양극화의 문제도 있습니다. 양극화가 심화되는 과정에서 상층 자산 계급이나 대기업 노동자들은 소득이나 임금 조건이 계속 나아졌지만, 중소기업의 임금 조건은 더 열악해졌어요. 그뿐만 아니라 비정규직이 양산되면서 전체적으로 고용이 확대되지 않고 차별은 심화된 거죠. 그러다 보니 신자유주의하에서 배제되는 계층이 그 전보다 많이 증가했어요. 그게 상징적으로 '80 대 20 사회'라는 말로 나타난 거죠. 인구의 대다수인 80%를 배제한다는 거거든요.

그런데 고용 위기의 더 근본적인 문제가 있어요. 생산력 진보에 따라 기계화, 자동화가 날로 진전되어서 생산 과정에서 노동 인구가 축출되는 문제죠. 이건 마르크스가 분석했던 자본주의 축적의 일반 법칙인데, 요즘은 생산 부문에서만이 아니라 사무 노동에서도 기계화, 자동화가 이루어지잖아요. 그러면서 일자리가 많이 줄어드는 거죠. 기계화, 자동화가 21세기에는 상상을 초월하는 속도로 진행되는 것 같아요. 신자유주의보다 더 심각한 자본주의의 근본 문제입니다. 이런 경우에 고용을 유지하려면, 기계가 대체한 자리에서 방출되는 노동자들을 흡수할 수 있을 정도로 성장률이 매우 높아야 하거든요. 1950~1960년대 같은 장기 번영 시기에는 그게 가능했어요. 이 시기에도 물론 기계화가 진행됐지만 기계화로 방출되는 노동자들을 고성장을 통해서 다시 흡수해 1970년대 초반이 되면 선진 자본주의 국가들이 완전 고용에 도달하거든요. 그런데 지금 같은 장기 불황 시기에는 그게 불가능해요.

Q 그럼 앞으로 우리의 삶이 나아질 전망은 없는 건가요. 저흰 계속 이렇게 내몰린 채 살아야 하나요?

A 삶이 개선되려면 정책 전환이 필요한데, 신자유주의의 헤게모니가 워낙 강고해요. 우리나라는 더더욱 그렇습니다. 새누리당, 더민주당, 국민의당, 그리고 정의당까지 제도 정치권의 거의 전부가 신자유주의 지향성을 갖잖아요. 지난 2008년 금융 위기 때 사람들이 많은 기대를 했습

니다. '신자유주의가 대실패를 했으니 이 체제가 끝장나는 거 아니냐', '경제 정책이 바뀌어 자본주의가 새로운 길을 열어 가지 않을까' 이런 기대요. 그때도 저는 그런 기대가 섣부르다고 생각했어요. 세계를 들여다보면 어디서도 신자유주의 정책을 전환시킬 수 있는 정치적 권력을 구축하기 어렵거든요. 1990년대 말 이래 라틴 아메리카 국가들에 좌파 정권이 들어서면서 신자유주의에서 벗어났지만, 그게 세계를 바꾸는 힘이 되긴 어려워요. 미국, 유럽, 일본같이 세계 경제 정책의 헤게모니를 갖고 있는 선진 자본주의 국가들이 바뀌어야 합니다. 이들이 IMF를 장악하고 세계 금융 기관들을 장악하고 있잖아요. 이들 국가에서 금융 자본을 통제하고 반신자유주의 정책으로 전환하는 길이 열려야 세계 경제를 전환할 디딤돌을 얻을 수 있는 거죠.

장기 불황, '사회화'로 넘어서야

Q 　그런데 저성장, 장기 불황이란 이야기는 지금 정부에서도 엄청 하잖아요. 그걸 보면 보수 정권이 스스로에게 면죄부를 주는 것 같단 느낌도 들어요. 저성장이고 장기 불황이니까 너희는 참으라고 말하는 것 같은 거죠. 그럼 우린 누구를 향해서 생존권을 주장해야 하나 답답해요. 미국을 향해 시위를 해야 하나요?

A 　미국에 책임을 돌릴 수 있는 건 아니고요, 타깃은 우리나라 정부로 해야죠. 사회 운동 쪽에서 미국을 겨냥하기도 하는데, 그건 사실 유령과의 싸움 같은 면이 있어요. 미국을 바꾸는 건 미국 시민이 해야 할 문제거든요. 세계의 정책적 변화를 끌어내리려면 일단 각국에서 자국 정부를 반신자유주의 정권으로 바꿔야 해요. 그리스처럼 자기네 권력을 바꿔야 이 권력을 통해 유럽 정부를 상대해서 변화를 모색할 수 있거든요.

세계 장기 불황이라고 해서 성장을 회복할 길이 없는 게 아니에요. 신자유주의 정권이 들어설 때 이미 좌파 정권이 이런 정책과 국제적인 투쟁을 했거든요. 1970년대부터 1980년대에 걸쳐서 보수당과 좌파 정당들이 유럽 여러 나라에서 이런 경제 정책적 논쟁을 했습니다. 어떤 국가들에서는 좌파 정권이 막 생겨나고 어떤 국가들은 우파 정권이 들어서기도 하던 시기예요. 영국에서 신자유주의 우파 정권이 들어서기 전인 1970년대 초에는 노동당 정권이 들어서서 케인스주의를 훨씬 넘어서는 사회주의 정책을 도입하는 실험을 했어요. 프랑스에서는 1981년에 사회당 공산당 연합 정부인 미테랑 정권이 들어섰고요. 스웨덴에서도 좌파 정부가 들어섰어요. 이런 대안적인 정책이 관철됐으면 장기 불황을 막았겠죠. 불행하게도 당시 좌파의 실험은 실패했지만, 지금도 장기 불황을 벗어나려면 이 길밖에 없습니다. 사회주의 정책 외에는 불가능하다는 말이죠.

장기 불황하에서 이윤율 조건은 개선되지 않거든요. 그런데 이윤율 조건을 웬만큼 개선시켜도 장기 불황은 극복하기 어렵다는 게 지금 드러났잖아요. 신자유주의가 들어선 1980년대 중반부터 자본주의 세계의 이윤율이 분명히 개선됐어요. 그런데 신자유주의 지배하에서 자본가들의 이윤율 기대도 굉장히 높아졌죠. 그래서 지금같은 수준의 이윤율하에서는 투자를 안 한다는 거거든요. 그래서 이윤율 조건을 개선해서 경제 성장을 도모하는 것도 쉽지 않다는 거고, 더구나 그건 좌파가 주장할 수 있는 정책도 아니에요. 이윤율 조건을 개선시킨다는 건 지금도 살기 힘든 노동자들을 더 쥐어짜야 한다는 건데, 이건 좌파로선 안 될 얘기거든요. 그럼 케인스주의를 다시 복원해 위기를 극복하는 길은 있느냐, 이것도 가능하지 않아요. 케인스주의라는 건 자본가들에게 양보를 요구하고 노동자들의 생존 조건을 개선시키는 타협 체제예요. 독점 자본과 금융 자본에 대한 통제력을 강화하고 확장 정책으로 수요를 창출해서 고용을 개선하는 역할을 국가가 떠안는 거죠. 그런데 1970년대 케인스주의가 파산할 때보다 국가 채무 위기가 더 심각해진 상태에서 케인스주의를 복원해 다시 경제를 장기 성장의 길로 가게 한다는 건 불가능해요.

Q   미국과 유럽도 극복하지 못한 장기 불황을 어떻게 탈출할 수 있나요?

A   결국 이윤율에 의존하지 않는 경제 정책으로 전환해야 합니다. 투자를 이윤율에 의존하지 않고 확대하는 방법, 그건 공공 투자거든요. 국가 부문을 중심으로 공공 투자를 확대하고 고용을 증대하면 경제 성장의 동력을 다시

찾을 수 있어요. 그러려면 재벌과 금융 부문을 국영화해야 합니다. 그 다음 국가 재정을 더 확장해야 하고요. 다시 케인스주의적 자본 통제를 강화하는 것만으로는 충분하지 않아요. 획기적으로 국가 부문을 강화하는 사회화 프로그램이 필요해요. 그 길에서만 자본주의가 장기 불황으로부터 탈출할 수 있어요.

이런 방법은 자본주의의 성격을 상당 부분 탈각시키면서 위기를 탈출하는 방법이에요. 그 말은 지금의 자본주의 위기는 자본주의를 존속, 강화하는 방식으로는 해결할 수 없다는 얘기입니다. 반자본주의적 경제 정책을 통해서만 위기를 해결할 수 있다는 거예요. 그러니까 우리도 박근혜 정부만이 아니라 야권 연대를 주장하는 신자유주의 정치를 대상으로 반신자유주의 정책이 정치적 힘을 동원할 수 있게 싸워 나가면서 변화를 모색해야 합니다. 정치권 99%가 신자유주의 지향인 우리나라 정치 지형에서는 정말 어려운 일이죠.

Q   **이윤율에 의존하지 않는 투자를 하면 경제 성장이 가능하다고 하셨는데, 사실 저는 생태주의자로부터 성장이 끝났다는 식**

의 말을 많이 들었거든요. 생태주의와 마르크스주의가 '경제 성장'에 대한 의미를 다르게 사용하는 건가요, 아니면 전망이 다른 건가요?

A   경제 성장이 끝났다고 단언할 수 있는 근거는 없어요. 아마도 생태주의자들은 자원의 고갈, 자연에 대한 착취 때문에 자본주의가 성장을 유지하는 게 어렵다고 하는 것일 텐데, 저는 그렇게 생각하지 않습니다. 과학 기술이 각종 자연 자원을 대체하는 놀라운 성과를 내고 있어요. 과학 기술적 성과들을 보면 단정적으로 자연이 다 고갈됐다고 생각할 수 없는 것 같아요. 또 다른 새로운 에너지원이 창출될 거라는 생각도 들고요. 예컨대 석유 고갈 문제는 오래전부터 제기되어 왔지만, 셰일가스 혁명으로 지금은 오히려 석유의 과잉 생산이 문제가 됐죠.

마르크스주의와 생태주의 간에는 생산력의 발전과 경제 성장에 대한 관점이 많이 달라요. 생태주의는 생산력 발전이 생태계를 파괴하는 거라 생각하고 이를 저지하면서 소규모 생산을 해야 한다고 주장하죠. 마르크스주의자들은 그렇지 않습니다. 생산력의 진보라는 건 인류가 노동과 결핍으로부터 벗어나는 길이에요. 생산력이 발전해야 하는데, 문제는 자본주의하에서 생산력 발전이 모순적이고 위기를 동반하는 것이기 때문에 자본주의 체제를 바꿔야 한다는 생각인 거죠. 물론 생산력의 발전과 생태계의 보호 유지가 가능한 한 조화를 유지할 수 있도록 마르크스주의와 생태주의 간의 이론적, 실천적 연대가 필요합니다. 하지만 생산력의 발전 없이 인류의 이상 사회로 진입하는 건 불가능해요.

Q   **이상 사회라면 공산주의 말씀하시는 건가요?**

A   네. 공산주의 사회의 토대는 생산력 발전이에요. 물론 생산력이 발전한다고 해서 공산주의로 이행되는 건 아니에요. 공산주의로의 이행을 위한 충분조건은 아니라는 얘기죠. 하지만 적은 시간 노동하면서도 모든 사람이 풍족하게 먹고살기 위해서는 생산력이 발전해야 돼요. 인간이 노동으로부터 해방되고 그렇게 생긴 여유 시간에 인격적, 문화적 발전을 해야 새로운 인간형으로 발전할 수 있어요. 그래야 사람들이 욕망이나 이기심에서 벗어나서 전체의 이익을 위해 참여할 수 있죠.

잉여가 된 건 내 탓인가?

; 장기 불황하에서 자본가가 이윤 전망을 갖고 있지 못해 고용하지 않는 것이다. 당신 탓이 아니다.

나아질 전망이 없나?

; 이윤율에 의존하지 않는 경제 정책으로 전환해야 한다. 획기적으로 국가 부문을 강화하는 사회화 프로그램이 필요하다.

혹시 성장이 끝난 건 아닌가?

; 과학 기술의 성과를 보면 성장이 끝났다고 단언할 수 없다. 다만 생산력 발전과 생태계 보호가 조화를 유지할 수 있도록 마르크스주의와 생태주의 간 연대가 필요하다.

내 임금은 또 어쩌다
이렇게 되었을까

자기 계발 NO,
재벌 통제 YES!

Q   월급이 몇 년째 150만 원 근처에서 미동도 없어요. 최저임금 1만 원을 주장하는 운동도 하던데, 그렇게 되면 좋겠지만 사실 최저임금을 주는 사업장들이 중소기업이잖아요. 그래서 가능할까 싶어요. 중소기업은 돈이 없잖아요. 지금도 최저임금 안 주는 데가 많고요.

A   중소기업마다 상황이 달라서 노동자들의 임금을 획기적으로 올려 주지 못할 수 있죠. 기업의 지불 능력 문제가 있으니까요. 그런데 중소기업의 지불 능력에 문제가 생기는 건 재벌의 수탈 때문이에요. 중소기업들이 대부분 대기업들의 하청 계열화돼 있어서 대기업에 의존하거든요. 대기업이 독점 기업으로서 중소기업을 수탈해서 막대한 수익을 챙기는 거예요. 독점 기업은 중소기업만이 아니라 소비자들도 수탈하죠. 가령 은행 직원들의 임금의 경우 상당히 많더라고요. 대졸 초임 연봉이 5천만 원 정도 된다고

하던데 이게 독점이라서 가능한 거예요. 예금 금리, 대출 금리, 수수료를 독점적으로 책정할 수 있거든요. 그러면서 은행 고객들로부터 막대한 수익을 수탈하는 거죠. 자기네들은 큰 이윤을 내 직원들 임금 복지 높여 주고요. 물론 은행의 고임금은 강력한 은행 노조의 힘 덕이기도 하죠. 하지만 중소기업의 경우는 노조가 설령 강하다 해도 독점에 의한 수탈 구조 때문에 저임금을 피하기 어려울 겁니다.

만약 은행이 공기업이라면, 정부를 의회가 통제할 수 있고 의회 권력을 장악할 수 있다면, 이자니 수수료니 다 바꿀 수 있잖아요. 그럼 보다 낮은 가격에 금융 서비스의 질을 높여 줄 수 있죠. 은행 직원들에게도 그 정도의 고임금을 줄 수 없을 겁니다. 은행만이 아니라 독점 기업 전반의 문제입니다. 이동 통신사를 보세요. 통신 3사가 통신 요금을 독점적으로 책정하거든요. 앉아서 돈 버는 거예요. 서비스에 큰 기여를 해서가 아니라 독점 가격 책정 때문에 생겨나는 이윤이에요. 그런데도 이통사 요금을 못 내리잖아요. 사적 기업으로 해 놓으면 정부가 아무리 규제·통제를 강화해도 어렵죠.

근본적으로는 독점적 대은행과 대기업을 국가 은행, 국가

기업으로 바꿔야 해요. 그게 어려우면 재벌 통제를 획기적으로 강화해서 중소기업 문제를 해결해야 하구요. 반신자유주의 정책이라는 게 그런 정책이에요. 이런 정책적 전환이 있어야만 성장과 고용, 임금 개선의 길이 열려요. 더민주당이나 정의당을 비판하는 이유도 이 정당들이 그런 정책을 낼 수 있을까 하는 의구심이 들기 때문이고요. 2016년 총선에서 본 것처럼 정의당은 오로지 더민주당과의 야권 연대에만 목을 맸잖아요. 국민의당조차도 새누리당/더민주당 양당 지배 체제를 심판하자며 야권 연대를 거부했는데 말입니다. 진보당, 좌파당이 확장되기 위해서는 보수당, 자유주의 당들의 대중 기만적인 행태를 공격, 폭로해서 그 지지층으로부터 이탈하는 사람들을 진보 좌파 진영으로 이끌어야 하거든요. 그렇지 않고 어떻게 진보 좌파의 지지자들을 확장할 수 있겠습니까. 하늘에서 떨어지는 게 아닌데요. 정의당은 진보 정당을 사칭하면서 실은 진보 좌파당의 길을 가로막고 더민주당의 신자유주의를 지켜 주고 있죠. 이른바 '국민모임'*이 원래 통합 진보 정당을 추진할

* 2014년 12월 24일, 국회 정론관에서 김세균 서울대 명예 교수, 이수호 전 민주노총 위원장, 정지영 감독, 명진

때 내세운 명분이 야권 연대 비판과 독자 진보 정당 건설이 었는데, 정의당으로 통합되면서 결국 사기 행각 같은 결과가 되고 말았어요. 이런 정당에서 반신자유주의 경제 정책은 기대할 수 없습니다.

Q 재벌을 통제하고 국가 기업으로 만들면 임금 문제가 해결된다는 말이 머리로는 이해가 되는데 잘 와 닿지는 않아요. 작은 출판사에서 일한 적이 있는데 출판업계에 '재벌'이 있나 싶고, 그들을 규제한다고 그 수혜가 영세 출판 노동자들에게까지 미칠지도 잘 모르겠어요.

A 지금은 일반적인 이야기를 하는 거예요. 개별 부문과 업종의 문제로 넘어가면 검토할 게 더 있죠. 재벌이라고 다 독점적인 고이윤을 얻는 건 아니에요. 현재 조선, 건설

스님, 함세웅 신부 등 각계 유력 인사들이 '105인 국민 선언'을 통해 국민의 눈물을 닦아 줄 수 있는 정치 세력의 건설을 촉구하는 모임(약칭 국민모임)의 결성을 선언하고 2015년 3월 1일 창당준비위원회를 출범시켰다. 하지만 6개월 내에 창당을 마치지 못해 2015년 10월 중앙당 창당준비위원회의 등록이 취소됐고 해산한 뒤 정의당에 합류했다.

쪽은 영업 손실이 만만치 않거든요. 우리나라 조선 3사로 일컬어지는 그룹이 현대중공업, 삼성, 대우조선해양이잖아요. 여기가 2015년에 기업별로 1~4조 원 이상씩의 적자를 냈어요. 그러니까 대기업 노동자들도 임금 압박을 받죠. 현대중공업은 워낙 노조가 강해서 버티는데 삼성, 대우는 얄짤없이 임금 동결, 삭감하고 그래요. 그러니까 개별 업종들로 보면 재벌 기업도 처한 상황에 따라 그렇게 될 수 있어요. 그런 속에서도 일반적인 재벌 지배의 수탈 문제는 있다는 거죠. 조선사들이 전부 재벌 기업들이니까 관련 하청 중소기업들에 비용과 부담을 떠넘기거든요. 삼성이나 대우에서 막대한 손실을 낸다면 그 하청 기업은 더 당하는 거예요. 재벌들의 지배에서 생겨나는 이런 문제가 중소기업 문제에서 가장 핵심적이기 때문에 이런 이야기를 하는 거예요. 출판은 출판대로의 조건들이 있겠지만 들여다보면 그런 문제들이 있을 거예요. 유통 부문에서 독점적인 지위에 있는 기업들의 특권이 작용하겠죠.

Q   지금은 임금 격차가 업종별로 정말 크고 그게 마치 업종의 특수한 상황 때문에 어쩔 수 없는 것처럼 얘기되잖아요. 제가

청소 노동자라면 평생 저임금을 받겠죠. 그런 구조에 대해 문제 제기하면 개인의 능력이나 선택의 문제로 귀결돼서 '네가 그쪽에 발을 들인 게 문제지', '네 능력의 한계지' 이런 말을 듣고요. 그래서 요즘 '문송(문과라서 죄송)하다'는 말도 나오는 것 같아요. 그런데 북유럽에서는 적정한 임금이 사회적으로 합의돼 있어서 하는 일에 상관없이 임금 수준이 비슷하다고 하더라고요.

A   제 생각에는 그것도 기본적으로 격차를 용인하는 신자유주의의 문제예요. 그 격차를 이용해 노동자들을 분열시키면서 노동자들의 힘을 약화시키고 그 속에서 자본가들의 이윤 추구를 강화시켜 나가거든요.

물론 업종에 따른 임금 차이엔 불가피한 측면이 있습니다. 산업마다 자본주의가 발전하면서 상태가 달라지니까요. 그런 변화에 대응하려면 자본 논리를 차단하는 정책이 필요해요. 국가 정책이 자본 논리를 차단하면, 거기서 생겨나는 폐해들을 막을 수 있어요. 지금도 지불 능력이 없는 중소기업들이 있죠. 정책적인 전환을 통해 이 문제를 해결할 수 있다고요. 왜 못 합니까. 그걸 해결하는 게 복지 정책 아닙니까. 복지 정책으로 보충하는 거예요. 시장 경제에선 자본의 논리, 이윤 논리, 성과 보상의 논리가 작동하니까 그런 차이를 조정할 수 없거든요. 이걸 조정하려면 이윤에 입각하지 않고 상업적인 논리를 추구하지 않고 연대적인 관점에서 접근할 필요가 있는데, 그럴 수 있는 건 국가밖에 없잖아요. 부유한 계층이나 대기업들, 대기업의 고소득 노동자들로부터 세금을 대폭 걷고 이걸 재분배하는 방법으로 할 수 있어요. 사회 보장을 확대하는 거죠. 노동자들에게 주택 수당이나 아동 수당, 또는 노인 수당을 높일 수도 있죠. 대학까지 무상 교육, 공적 의료 보험 확대 등의 방식으로 직접 임금으로 감당할 수 없는 부분들을 국가가 얼마든지 보충할 수 있어요.

심지어는 국가가 중소기업에 노동자 임금을 보조해 줄 수도 있죠. 지금도 하거든요. 쥐꼬리만 하게. 신규 고용하면 얼마 주잖아요. 그걸 대폭 확대할 수 있다고요. 방법은 얼마든지 있어요. 임금 격차를 상당히 줄일 수 있습니다. 이런 정책 전환은 반신자유주의, 반자본주의 정책 속에서만 가능하단 이야기죠.

대기업 고액 연봉의
불편한 진실

Q   근데 한편으론 정규직 노동자들이 고임금을 받는 게 왜 비판거리가 돼야 하나 싶기도 해요. 현대차 대공장 정규직들이나, 은행원들 억대 연봉을 받는다는 기사가 나오면 저임금, 비정규직 노동자들은 비난의 화살을 그 사람들한테 돌리잖아요. 저도 그 사람들이 많이 받는 게 부럽지만, 노조를 결성해서 임금을 협상하고 물가 상승률 따라 임금을 올리는 건 당연한 거잖아요. 그걸 욕할 수 있나요? 대공장 노동자 임금이 과한 건가요? 그럼 적정한 임금은 얼마일까요?

A   임금은 노동력 가치가 전화된 형태로 노동자들이 자기 가계를 재생산하는 데 들어가는 비용이에요. 자본주의 사회의 임금 법칙에 따르면, 노동력 가치를 재생산하는 데 합당하게 임금이 결정된다고 해요. 그게 자본주의 경제의 등가의 교환 법칙이죠. '노동자 임금은 자기 재생산 비용에 따라 결정된다.' 그런데 이 재생산 비용은 생물학적으

로 노동자 가계가 생존하기 위해 필요한 생활 자료들의 가치, 가격을 의미하는 게 아니에요. 마르크스에 따르면 역사적으로 결정됩니다. 그 사회의 정치, 문화 수준에 조응하는 방식으로 재생산 비용과 임금이 결정된다는 얘깁니다. 사회 생활 수준이 높아져서 사람들이 높은 생활 수준을 유지하면 재생산 비용은 올라가요. 그리고 노동자들이 임금 투쟁이라든지 정치 투쟁을 통해서 높은 수준의 기준을 확보했으면 그게 재생산 비용을 결정하는 기준이 되고요. 그러니까 사실 재생산 비용은 고무줄처럼 늘어날 수 있어요. 그래도 우리나라 사회 정치 문화 수준에서 노동자들이 평균적으로 노동력을 재생산하는 데 들어가는 비용, 3인 가족 기준으로 얼마인지는 계산할 수 있죠. 민주노총에서도 매년 표준 생계비*를 계산하거든요. 임금이 노동력 재생산 비용에 합당하

---

* 표준 생계비는 노동자 가구가 건강하고 정상적인 삶을 살아가는 데 필요한 생계비 수준을 산출한 것을 말한다. 10대 비목(①식료품비, ②주거비, ③광열 · 수도비, ④가구 · 가사 · 집기비, ⑤피복비, ⑥교육비, ⑦교통 통신비, ⑧보건 위생비, ⑨교양 오락 잡비, ⑩조세 공과금), 500여 개 품목과 각각의 지출 형태를 조사해 가구 규모별로 구성한 이론 생계비이다. 2016년도 민주노총 표준 생계비 산출액은 1인 가구 257만 2,381원, 2인 가구 464만 7,361원, 3인 가구 490만 1,263원, 4인 가구 652만 3,739원이다.

게 결정되는 게 마르크스가 말한 임금 법칙인 거예요.

**Q   그럼 임금을 재생산 비용 수준으로 합당하게 받는 노동자
들은 공정한 임금을 받는다고 보면 되나요?**

A   그건 아니에요. 노동자들은 그때도 착취를 당해요.
노동자들한테 공정한 임금이라는 건 없어요. 자본가들이
이윤을 얻을 수 있을 때만 임금을 주거든요. 이윤 착취를
위해서 노동자들을 고용해 임금을 주는 것이기 때문에 어
떤 경우에도 착취인 거지 공정하지 않아요. 다만 등가 교환
의 원칙에 합당할 뿐인 거죠. 내가 노동력 상품을 주면 이
상품에 합당한 가치를 자본가가 주는 거죠. 상품을 교환할
때 그렇잖아요. 자본주의 사회에서는 등가 교환의 원칙이
작동하니까 노동력 상품에 대해서도 이 법칙이 작용하는
거죠. 그러니까 쉽게 얘기하면 자기 노동력 가치만큼 임금
을 받는 거예요. 근데 그게 공정한 임금은 아니라는 거죠.
그 거래의 이면에 잉여 노동과 착취가 있거든요. 기본적으
로 자본-임노동 관계는 불공정한 거죠.

그럼 노동력 재생산 비용에도 못 미치는 임금을 받는 노동

자들은 뭐냐, 이 사람들은 초과 착취를 당하는 거예요. 노동력 가치대로 자기 임금을 받는 노동자들은 정상 착취, 그것보다 못 받는 사람들은 초과 착취를 당하는 겁니다.

Q   엄청나게 더 많이 받는 사람은요? 억대 연봉을 받는 사람들이요.

A   그것도 착취는 착취지만, 과소 착취라 할까요. 하지만 여기에는 좀 다른 문제가 있습니다. 노동력의 질과 노동 양의 차이 문제 말이죠. 노동력 질의 차이가 있으면 그 재생산을 위한 비용의 차이가 발생하고 노동력에 대한 보상이 달라지는 거예요. 엄청나게 많은 임금이 정말 그런 노동력의 질적 차이에서 비롯되는 거냐 아니냐 하는 판단의 문제는 있지만, 모든 노동자가 획일적인 노동력 재생산 비용에 근거한 표준 임금을 받아야만 하는 건 아닙니다. 노동력의 질과 노동 시간을 얼마만큼 제공하느냐에 따라 임금의 차이가 발생하는 거예요. 자본주의 사회에서 노동력의 질과 노동 양에 따라 임금이 달라지는 건 어쩔 수 없어요. 그러니까 노동력의 질이 낮아서 낮은 임금을 받는 사람들

은 시장 경제 자체에서는 구제받을 수가 없습니다. 그런데 노동력 재생산이 안 되면, 자본주의 체제가 굴러가지 않잖아요. 그러니까 노동력 재생산을 국가가 관리해야 해요. 또한 오늘날 노동력은 고도의 생산력 발전에 상응해서 높은 교육과 훈련을 통해서만 재생산됩니다. 대학 교육까지 받고 기술 교육을 받는 등의 과정을 통해서만 노동자들이 자본가들에게 고용돼서 생산 활동을 할 수 있거든요. 그래서 노동력을 국가가 사회 보장 정책으로 보호해 주는 거예요. 교육이나 고용 보험, 건강 보험, 노후 연금 같은 걸 국가에서 관리하는 거죠.

그런데 그렇게 높은 급여를 받는 사람들 중에는 형식적으로 노동자지만 사실상 자본가의 기능을 수행하는 사람이 있어요. 대기업의 경영자들 말이죠. 이들도 연봉을 받거든요. 그런데 이 사람들은 형식만 노동자이지 사실은 자본가입니다. 경영 자본가죠. 이들은 착취를 당하는 게 아니에요. 자본가들의 기능을 대행해 주고 거기서 나오는 이윤의 일부를 경영 성과에 대한 보상으로 배분받는 거죠. 보통 대기업 평균 임금 계산할 때 이들도 노동자로 집어넣어 가공하는데, 그러면 안 되는 거죠.

Q   대공장 정규직 노동자들이 연봉을 많이 받는 건 노동력이
양질이어서 그렇다고 봐야 하나요?

A   앞서도 말한 것처럼 고액 연봉자와 저임금 노동자
간의 임금 차이가 노동력의 질적 차이와 노동 양의 차이만
반영하는 건 아닙니다. 정말 그렇다면 저임금 노동자가 할
말이 없겠죠. 하지만 그 엄청난 차이의 중요한 한 부분은
재벌 기업의 중소기업 수탈의 결과이기도 합니다. 또 독점
가격을 통한 소비자 수탈의 결과이기도 하죠. 대기업의 고
액 연봉자들이 이 수탈 관계의 수혜자라는 측면을 부정하
기는 어렵습니다. 이들의 과소 착취는 중소기업 노동자들
의 초과 착취와 연관되어 있거든요. 그게 단적으로 나타나
는 게 대기업에서 동일 노동을 하는 하청 노동자와 정규직
노동자의 임금 격차예요. 같은 생산 라인에서 같이 일하잖
아요. 똑같은 노동이거든요. 그런데 임금이 절반 차이가 나
요. 이런 건 노동력 질의 차이가 아니라 비정규직 차별에서
비롯되는 거잖아요. 그러니까 대기업 노동자들의 고임금
은 노동력 수준이 높기 때문이라고 정당화할 수만은 없는
거죠. 많은 부분에서 독점 자본이 수탈한 이윤의 성과를 대

기업 노동자들이 같이 받는다고 봐야 해요.

A   그런 면이 있죠. 자동차, 조선 산업의 경우 하청 업체들이 엄청 많아요. 1차, 2차, 3차 하청 업체까지 하면 우리나라 자동차 산업 5사와 조선 3사에 딸려 있는 노동자 수가 백만, 아니 이백만 명은 될 겁니다. 일정 부분 그 수탈 성과에 기생해서 고임금을 얻는 건데, 그런 면에서 보면 귀족 노조라는 말이 틀린 건 아니죠. 하지만 대기업 노동자들의 임금 인상 투쟁 자체를 비난할 수는 없습니다. 임금 인상 요구와 계급 투쟁은 노동력 가치를 결정하는 중요한 한 요소거든요. 이걸 포기하고 중소기업 노동자와 비정규직 노동자를 위해 대기업 정규직 노동자가 희생해야 한다는 요구를 할 수는 없습니다. 그건 재벌들과 전경련의 주장이고 자본가 계급의 요구죠. 노동자 계급의 1차적 요구는 독점 재벌 및 대자산 계급과 노동자 계급 간의 분배 문제, 다시 말해 독점 재벌의 착취와 수탈의 문제를 해결하라는 것이어야 합니다. 노동자 계급 내의 임금 연대, 재분배는 2차

적인 문제입니다. 노동자 계급이 연대해서 독점 이윤을 제한하고 통제할 수 있다면, 독점 재벌의 수탈로 인한 대기업 중소기업 간 임금 격차도 그만큼 해소될 수 있거든요. 또는 독점 이윤 및 자산 소득에 대한 과세를 대폭 증대시킬 수 있다면, 그런 조건에서만 고액 연봉자들에 대한 증세도 요구할 수 있고, 이를 통해 사회 보장 급여를 대폭 인상해서 노동자 간 임금 격차를 완화할 수 있는 거죠. 거꾸로 고액 연봉자들의 희생과 증세를 노동자들이 먼저 요구해서 저임금 노동자들과의 연대를 실천한다는 모범은 자본가 계급을 위한 모범으로 끝나고 말 겁니다. 노동자 계급의 모범적 연대에 독점 자본가 계급이 감동받아 자발적으로 여기에 동참할 일은 없을 테니까요.

요약하면 임금을 결정하는 데 여러 요인이 있다는 거예요. 노동력 재생산 비용, 노동력의 질과 노동 양의 차이가 기본 요소이고요, 오늘날은 독점 재벌의 중소기업 및 소비자 수탈에 따른 대기업 정규직 노동자들의 과소 착취와 중소기업 및 비정규직 노동자들의 초과 착취도 임금 격차의 주요한 요인이죠. 기업의 지불 능력의 차이도 있습니다. 이것 또한 독점 재벌의 수탈과 커다란 관련이 있지만, 개별 업종이나 기업의 사정에도 기인하겠죠. 이들 요인을 종합적으로 검토하면서 현실의 임금 문제에 접근하면, 이제 판단할 수 있는 이론적 안목을 갖추게 되는 거죠. 그러기를 기대합니다.

임금은 어떻게 결정되나?

; 노동력 재생산 비용, 노동력의 질과 노동 양의 차이가 기본
요소다.

그런데 내 임금은 왜 이렇게 낮은가? 내 노동력이 그렇게 저질인가?

; 중소기업에서 일한다면 독점 재벌의 수탈로 인한 기업의
지불 능력의 차이일 수 있다.

임금 격차를 최소화한, 고르고 평등한 사회는 불가능할까?

; 재벌의 사회화, 그게 힘들면 독점 이윤을 통제하려는 국가
의 역할이 필요하다. 그래야 노동자 간 임금 격차를 완화해
나갈 수 있다.

우리 서로 연대하긴 했을까,
느낄 수가 없잖아

▌▌노동자 계급 연대의
▌▌가능성

Q　　임금 차이가 많은 정규직 비정규직은 연대하기 어려운 것
같아요. 이해관계가 서로 다른 거잖아요. 정규직 노동자 입장에
선 비정규직의 투쟁이 자기들 임금 깎아서 달라는 요구처럼 들릴
수도 있고요.

A　　이해관계의 대립은 어느 정도 불가피하죠. 앞에서
말한 바처럼 대기업 정규직 노동자의 고임금은 일정 부분
비정규직 하청 노동자나 중소기업 수탈, 즉 대기업의 독점
이윤 획득에 기인하는 측면이 있거든요. 사회 복지 정책을
확대할 때도 이해관계가 좀 달라요. 노동자들이 보편적 복
지를 요구할 때 복지 혜택에서야 정규직 비정규직 차이가
별로 없겠지만, 복지 재정을 위한 세금은 정규직 노동자가
더 많이 부담할 수밖에 없거든요. 일반 노동자는 내는 세금
이 많지 않아요. 국세청에서 매년 근로 소득 공제 통계를
내잖아요. 국세청에 근로 소득 신고하는 노동자들 중에 절

반 이상은 세금을 안 냅니다. 세금 많이 내는 건 고소득 노동자들이죠.

하지만 문제를 '대기업 노동자 대 중소기업 노동자' 또는 '정규직 노동자 대 비정규직 노동자' 이렇게 제기하고 대기업 정규직 노동자의 희생 위에서 중소기업 비정규직 노동자의 문제를 해결하자는 건 올바른 해법이 아닙니다. 고용과 임금, 사회 보장의 근본적인 문제는 '재벌과 대자산 계급 대 노동자 계급' 간의 이해 대립이지 '노동자 대 노동자'의 대립이 아니거든요.

Q **방송이나 정부에서는 맨날 대기업 정규직 때문에 비정규직이나 청년 실업 문제가 생긴다고 하잖아요.**

A 그건 이들이 재벌의 이해관계를 대변하는 친재벌적 성향을 가지고 있어 그런 겁니다. 하지만 '노동자 대 노동자'의 대립은 부차적인 문제입니다. 따라서 쉽지는 않겠지만, 원칙적으로 독점 이윤의 지배에 대항하는 노동자 계급의 연대 위에서 대기업/중소기업 간, 또 정규직/비정규직간 차별을 줄여 나가야 해요. 대기업 정규직이 과소 착취라

고는 해도 여전히 독점 자본에 의해 착취당하는 노동자입니다. 연대가 불가능하다고 할 수는 없죠. 독점 이윤을 얼마나 제한, 통제하는가에 따라 그만큼 노동자 계급 내에서의 차별과 차이가 해소될 겁니다.

직접 임금의 문제에서는 아무래도 노동자 간 이해관계의 대립이 부각될 수밖에 없어서 노동자 계급의 연대라는 게 어렵죠. 그렇지만 사회 보장과 간접 임금의 문제에서는 계급적 연대가 그것보다는 더 현실적 토대를 갖고 있습니다. 사회 보장의 부담을 대기업 정규직 노동자가 중소기업 비정규직보다 더 떠안기는 하지만, 사회 보장의 혜택을 같이 받기 때문이죠. 대기업 정규직도 사회 보장의 수혜자거든요. 물론 여기서도 사회 보장 부담금과 조세 부담의 주요한 전선은 '재벌·대자산 계급과 노동자 계급' 사이에 있습니다. 사회 보장에서도 기본적으로 독점 이윤을 잡아야 하는 거죠. 그럴 경우 대기업 정규직과 중소기업 비정규직 간의 이해 대립은 완화되고, 사회 보장에서의 노동자 계급의 연대가 보다 현실화될 수 있습니다. 이게 직접 임금을 둘러싼 노동자 계급 연대의 어려움, 직접 임금에서의 차별 해소의 어려움을 피해 가는 우회로가 될 수 있죠. 물론 사회 보장이란 게 오늘날 노동력의 재생산이라는 자본주의의 현실적 요구로서 불가피하게 제기되는 것이지만, 이런 측면도 있기 때문에 대폭적인 사회 보장의 확대가 요구되는 겁니다.

Q   정규직 노동자들이 하도 욕을 먹으니까 민주노총에서도 고민이 클 것 같더라고요. 그래서 예전에는 정규직 노동자들한테 돈을 걷어서 비정규직 사업을 추진했는데 이게 매우 수혜적인 거 같기도 해요. 한편으론 이런 움직임이라도 계속 있어야 하는 건가 싶고요.

A   그런 걸로 해결될 문제가 아니에요. 국가 정책으로 임금 및 사회 보장의 새로운 기준들을 만들고 그 기준에 맞게 국가가 책임져야 하는 거죠. 민주노총에서 그렇게 하는 건 그냥 상징적인 연대 투쟁 아닐까요? 그런 방식으로 문제를 해결하겠다는 생각을 하면 잘못된 거죠. 그건 절대 가능한 길이 아닙니다. 싸움은 국가, 재벌하고 해야죠. 중소기업 수탈이나 비정규직 초과 착취를 제도적으로 막을 수 있게 정치적 지향을 강화시켜 정책 전환을 도모해야 합니

다. 근데 앞에서는 연대 투쟁 한다고 하면서 뒤에서는 민주당과 정책 연대를 한다든지 해서 신자유주의 권력을 강화시켜 나가는 게 문제인 거죠. 민주노총과 진보 진영 주류가 그런 일들을 해 왔거든요. 김대중, 노무현 정부 때 그렇게 연대를 해서 한국 사회의 신자유주의로의 변화를 열어 준 책임이 엄청나게 커요. 이 역사는 이명박, 박근혜 정부에서도 이어져 왔습니다. 반이명박, 반박근혜 야권 연대가 그것이죠. 지금도 더민주당의 자유주의와의 연대에 이른바 진보 진영이 목을 매고 있습니다. 정의당도 그렇죠. 노동 유연화라는 이름하에 노동자 계급 내의 양극화를 부추기는 신자유주의 세력과 연대하면서 정규직 비정규직 연대 투쟁을 조직한다는 건 어불성설이고 대중 기만이라고 생각합니다.

신자유주의와 공모자들

Q 정의당도 신자유주의 권력인가요?

A 그렇죠. 정의당의 중추 세력이 옛날 국민참여당, 열린우리당 세력들이잖아요. 그리고 옛 민주노동당 출신들은 진보 세력의 정체성을 많이 잃고 거기에 영합한 상태예요. 국참당이랑 통합한다는 건 신자유주의의 헤게모니를 받아들인다는 의미라고요. 신자유주의와 타협을 한 거예요. 정말 신자유주의 정책을 받아들이지 못한다면 국참당과 통합할 수 없었겠죠. 새누리당, 더민주당, 국민의당, 정의당까지 전부 신자유주의에 편입돼 있어요. 정치권이 이러니 박근혜 정부하고만 싸울 문제가 아니지요. 박근혜 정권과 싸워서 더민주당 정부가 들어서면 괜찮아질까요. 민주당 정부가 1997년 외환 위기 때 이 길을 연 권력인데요.

Q 어쩌죠. 정의당을 진보 정당이라 생각하는 사람들이 많은데요. 당 내에서 민주노동당계 사람들이 국민참여당계를 정책적으로 견인할 수도 있지 않을까요?

A 견인은커녕 그쪽으로 끌려간 거죠. 요즘 보면 그런

우리 서로 연대하긴 했을까, 느낄 수가 없잖아   99

생각이 더 많이 들어요. 정치권에서 자꾸 '박근혜 정부와 싸워서 개혁 정부를 만들면 우리 삶이 나아질 거다', '노동자들의 조건이 개선될 거다' 이렇게 말하는데 그건 정말 잘못된 생각입니다. 신자유주의가 지배하는 99%의 정치권, 의회를 쓸어 내기 전엔 획기적인 대중의 삶 개선은 가능하지 않아요. 아니, 우리나라 정치권은 신자유주의의 문제를 넘어선 것 같습니다. 개혁파든 보수파든 아니면 수구 꼴통이든 국회에 있는 인간들은 전부 자기네들 이해관계가 가장 우선이에요. 2016년 총선 선거판에서 보여 준 행태들을 보세요. 친박은 온갖 치졸한 방법까지 동원해서 비박 죽이기에 나섰죠, 더민주당은 지분 싸움으로 결국 분당으로 갔죠, 여야 막론하고 국회의원 공천 못 받으면 대부분 탈당하죠, 박근혜의 김종인과 노무현의 강봉균은 자리를 맞바꾸죠…. 이 사람들에게 대중의 삶은 안중에도 없어요. 정의당이 왜 국참당과 손을 잡았겠어요. 국회에서 한 석이라도 더 잡기 위해서예요. 신자유주의 세력과 타협한 이유도 그걸 챙기기 위한 거죠. 자기네들은 신자유주의 정책을 저지하기 위한 힘을 키우려고 연대한다고 하지만, 실제로 그 권력, 국회 의석 몇 석을 위해서 손을 잡는 거라고요.

현행 선거 제도하에서는 진보 좌파 진영이 최대 득표자 당선이라는 지역구 의석을 포기하더라도 야권 연대를 버리고 반신자유주의 정책을 내세우고 계급 정체성을 강화해서 대중의 지지를 동원하는 게 더 낫다고 생각해요. 의석은 비례 대표를 통해 얻는 거죠. 2016년 총선에서 더민주당과 연대해서 정의당이 얻은 지역구는 두 석뿐입니다. 비례 대표에서 네 석 얻었죠. 국회에서 네 석이나 여섯 석이나 마찬가지거든요. 그러나 두 석의 대가는 엄청나게 크죠. 더민주당과 신자유주의를 지켜 주었으니까요. 정의당은 무엇으로도 이 책임에서 벗어날 수 없습니다. 정말 나쁘게 말하면 심상정, 노회찬 두 사람이 국회의원 되자고 야권 연대로 신자유주의와 야합한 겁니다.

Q **정의당도 신자유주의 반대를 얘기하긴 하던데요.**

A 김대중도 자기들은 사회적 시장 경제고, 노무현 정부도 자기는 신자유주의가 아니라고 했어요. 근데 그게 신자유주의였어요. 유럽 신자유주의죠. 영미 신자유주의와 유럽 신자유주의라는 신자유주의의 유형적 차이를 몰랐던

거죠. 유럽 신자유주의는 영미 신자유주의와 많이 다릅니다. 무엇보다 경쟁 질서 유지를 위한 국가 개입과 최소한의 사회 보장 정책을 주장합니다. 반면 영미 신자유주의는 시장 경쟁 지상주의를 추구하죠. 영미 신자유주의를 반대하고 유럽 신자유주의를 주장한 겁니다. 정의당도 마찬가지입니다. 물론 민주당, 열린우리당 10년의 실제 경제 정책의 집행을 보면 유럽 신자유주의에도 훨씬 미치지 못했죠. 그건 자신들이 비판하던 영미형 신자유주의였습니다. 신자유주의가 아니라고 우기던 이들도 결국에는 뒤늦게 지난 2012년 대선을 앞두고 공개적으로 자신들의 과오를 인정했죠. 문재인을 비롯해서 말입니다. 자신들의 신자유주의 정책으로 인해 현재의 참상이 야기되었다는 것을요. 저는 이들의 고백을 결코 진정성 있는 반성으로 받아들이지 않습니다. 그건 단지 대선 표를 얻기 위한 빈말일 뿐입니다. 말만 요란하지 지금도 바뀐 거는 없죠.

우리나라 정치 지형이 암울한 상태라서 어렵긴 한데, 그래서 공격의 대상이 단순하게 새누리당과 박근혜 정부만은 아닙니다. 공격 대상을 더민주당과 정의당까지 확대해서 새로운 대안을 모색하지 않으면 안 돼요. 이런 얘기를 하면 사람들이 '그럼 어느 시절에 되냐'고 하는데 정말 어렵죠. 하지만 다른 길이 없어요. 민주당 정부를 만들어 놓으면 개선이 될까요. 민주당 정부가 들어서면 박근혜 정부가 하던 말을 이들이 똑같이 할 겁니다. 지금까지 야당으로서 더민주당이 하던 얘기는 새누리당이 하겠죠. 총선 결과로 여소야대가 되니까 당장 〈국회선진화법〉에 대한 여야 입장이 뒤바뀌었잖아요. 2007년 국민연금 개악도 열린우리당에서 한 거거든요. 지금처럼 연금을 개악시켜 놓은 장본인이 유시민이에요. 이 인물이 복지부 장관일 때 해 놓은 작품들이라고요. 그런데 지금 그 당이 야당이 돼서는 국민연금 다시 개선한다는 미명하에 2015년 공무원 연금 개악을 통과시켜 준 거잖아요. 국민연금 개악을 해 놓은 게 자기들인데 마치 아닌 것처럼 얘기하는 거예요. 권력 잡으면 그때 가선 또 연금 재정 나빠지니까 국민연금, 공무원 연금 손봐야 한다고 할 거예요. 우리나라 사람들은 맨날 이렇게 당하면서 사는 거죠 뭐. 사실 우리 국민을 되돌아보면 누구를 탓 할 형편이 못 돼요. 한국 정치판은 우리 국민 대다수가 만들어 놓은 거니까요.

Q   말씀 들어 보니 대기업 노동자들 중심인 민주노총이 더민주당을 지지하는 게 오히려 자연스럽게 느껴져요. 대기업 정규직 노동자들은 사회가 바뀌는 걸 별로 원하지 않을 것 같아요. 비정규직을 수탈해서 고임금 받는 건데 좌파 정권이 들어서서 세금을 높이거나 하면 손해잖아요.

A   사회 보장이 확대되면 그 사람들도 혜택을 받아요. 사회 보장 정책은 보편적인 거니까요. 저임금 노동자들한테만 교육비를 없애 주는 건 아니거든요. 물론 손익 계산을 해 보면 노동자들마다 많이 다르겠죠. 임금이 아주 높은 노동자들은 불리할 수도 있구요. 하지만 내는 사회 보장 부담금과 세금만큼 차이가 나는 건 아니에요. 사회 보장 부담금과 조세는 높지만, 그들도 받는 게 커지거든요. 독일의 경우 사회 보장 부담금과 세금으로 평균 소득의 40% 이상을 떼어 간다고 하더라고요. 대신 독일 사람들은 별로 걱정할 게 없습니다. 일단 학비가 없어요. 의료 보장도 우리와 비교할 수 없을 만큼 높죠. 의료 보장이 포괄하는 범위가 넓을 뿐 아니라 개인 부담금도 거의 없어요. 우리는 개인 부담금이 많잖아요. 의료보험 가입해도 병원에서 나가는 돈

이 꽤 돼요. 큰 병원에서 수술이라도 받으면 더 들어가죠. 그런데 독일은 그렇지 않아요. 노후 연금도 국가가 상당 부분 책임지죠. 주택도 임대 주택이 많고, 임대료도 국가가 규제하니까 우리나라처럼 소유자들이 마음대로 막 올리지 못하게 돼 있거든요. 그럼 사회 보장 부담금과 세금을 많이 내도 괜찮죠. 내가 돈 벌어서 뭐하나 하는 생각도 들 거예요. 그러니까 여행도 많이 다니고 여가를 즐기면서 사는 거죠.

Q   **우리나라에선 상상도 할 수 없는 먼 나라 얘기 같네요. 한국에선 다들 없는 살림에도 불안한 노후에 대비하기 위해 민간 보험과 개인연금에 들려 하잖아요. 노동자들이 OECD 국가 중에서 가장 오래 일하는 나라고요.**

A   맞아요. 우리랑 사는 게 정말 다르더라고요. 독일은 신자유주의하에서 대학 등록금을 도입했다가 결국 실패했어요. 연방 차원에서는 못 하다가 보수당이 권력을 잡은 일부 주정부에서 등록금을 도입했던 거죠. 사람들이 등록금을 왜 내냐고, 못 낸다고 난리를 치며 싸워서 결국 보수당도 손을 들었어요. 도입된 등록금이 얼마 많지도 않았어요.

학기당 한 50~60만 원 정도였는데, 아마 우리 같으면 "괜찮아요, 낼게요" 그랬을 거예요. 독일 사회에서는 용납이 안 되는 거죠. 독일은 신자유주의 정권으로 넘어간 지 이제 30년이 넘거든요. 그동안 신자유주의 개악을 하면서 복지 국가의 성과를 상당히 망가뜨렸는데도 그 핵심은 깨지 못한 것 같아요.

▌잘못된 차선책이
▌최선으로 가는 길을 봉쇄하다

Q   우리하곤 정말 많이 다르네요. 우린 심지어 무상 등록금 (이명박), 반값 등록금(박근혜)을 공약하고 안 지켜도 이렇게 조용한데.

A   유럽은 좌파 정부라는 게 일상생활이에요. 거기서 좌파라고 하면 사민당, 공산당인데 사민당이 집권 세력이잖아요. 권력을 잡고 사회 보장 정책을 실제로 했던 거고

그러니까 사람들도 "좌파면 어때" 하는 거죠. 그 수혜를 받은 경험들이 있으니까. 이런 것들이 그쪽 좌파 운동의 힘 같아요.

독일이 유럽에서 상당히 보수적인 편이거든요. 그런데도 정치 지형을 보면 좌파당이라고, 과거 구동독 사회주의 통일당과 서독의 좌파, 사민당 일부가 합친 당이 있어요. 이 당이 지지율을 한 10% 받고, 녹색당도 한 10% 받아요. 사민당이 원래는 40% 이상 받으면서 단독 집권도 하던 정당인데, 신자유주의 개악 정책을 실행하면서 대중의 신뢰를 많이 잃었죠. 최근 여론 조사에서는 20% 아래로 지지율이 떨어졌다고 해요. 그리고 보수당이 40% 차지하고요. 최근에는 난민 문제로 보수당의 지지율이 좀 떨어졌고 난민 반대 극우당이 10% 이상 지지율로 약진했지만요. 이런 정치 지형이다 보니 좌파 경제 정책이라든지 케인스주의 경제 정책이 일상이 되는 거죠. 신자유주의라 해도 유럽에서는 좌파의 역사적 전통에 의해 크게 제약받아요. 미국형 신자유주의와는 많이 다릅니다.

우리나라는 좌파 집권 경험도 없고 99 대 1로 신자유주의가 지배하는 사회니까 진짜 힘든 조건이에요. 그래서 사람

들이 반신자유주의 좌파의 길을 생각하기 어려워하는 것
도 납득이 안 되는 건 아니에요. 그러다 보니 차선책들을
모색하고요. 그런데 사실 그 차선책이 최선으로 가는 길을
봉쇄하는 역할을 하죠. 진보 정당이나 민주노총이 더민주
당과 손을 잡을수록 그 길은 멀어지는 거예요. 현실적인 길
이라고 생각해 찾아가지만, 실제로는 진보로 가는 현실적
인 길이 절대 아닙니다. 더민주당 정부에 기대할 수 있는
건 없어요. 10년 동안 뼈아픈 경험을 해 놓고도 기대한다면
멍청한 거죠. 아니면 사악한 거든가. 자신들의 권력 추구 수
단으로 이용하는 거예요. 그 전에 자유주의 정권의 경험을
못 했을 때는 '비판적 지지'라는 게 지금하고 의미가 달랐어
요. 보수 반동이 잡고 있는데, 이쪽하고 손잡고 한국 사회를
바꿔 볼 수 있지 않을까라는 기대도 있었죠. 한 번도 안 해
본 길이니까. 그런데 이제 아니라는 게 드러났잖아요.

Q　　그런데 이런 생각도 들어요. 의회에서 〈파견법〉 개악을
막아야 한다고 할 때 그러려면 현실적으로 야권이 여당보다 의석
이 많아야 하잖아요. 그러니까 민주노총 내에서도 자연스럽게 야
권 연대를 해야 한다는 논리가 나오고요.

<u>A</u>　　이 사람들이 권력을 잡으면 〈파견법〉 확대를 막을까요? 안 그럴 거예요. 왜냐면 〈파견법〉이라는 게 김대중 정부 때 IMF 관리 체제하에서 도입된 거거든요. 〈정리해고법〉도 마찬가지입니다. 지금 체계를 만든 장본인들이 이 사람들이에요. 이렇게 해 놓고 나서 자기네들이 반성한다고 막겠다고 하면 믿겨요? 그들이 설령 집권하더라도 그런 정국이 되면 어떻게 나올지 지금도 보여요. 그때 가면 다시 확인하는 거죠. 그리고 한국의 정치 사회 운동은 그만큼 또 후퇴하겠죠.

정규직 노동자와 비정규직 노동자의 연대가 가능할까?

; 이해관계의 대립은 어느 정도 불가피하지만 연대가 불가능
하지는 않다. 직접 임금을 둘러싼 노동자 계급 연대의 어려
움, 직접 임금에서의 차별 해소의 어려움은 사회 보장이라는
우회로를 통해 피해 갈 수 있다.

**총선 결과 여소야대 정국이 만들어졌으니 대중의 삶이 좀 나아질
까?**

; 신자유주의가 지배하는 99%의 정치권, 의회를 쓸어 내기
전에 대중의 삶의 획기적인 개선은 가능하지 않다.

**그래도 현실 가능성을 생각하면 앞으로도 더민주당을 비판적 지지
해야 하지 않을까?**

; 〈파견법〉과 〈정리해고법〉을 만들고 지금의 신자유주의 체
계를 만든 더민주당 정부에 기대할 건 없다. 진보 정당이나
민주노총이 더민주당과 손을 잡을수록 한국의 정치 사회 운
동은 그만큼 후퇴할 것이다.

알파고야, 너는
내 친구니 적이니

일자리를 위협하는
'기계화'

Q   앞에서 우리 일자리를 위협하는 것 중의 하나로 기계화를
지적하시기도 했는데 저도 사실 위기를 느껴요. 많은 일들이 기
계화, 자동화되면서 직원들이 다 쫓겨나잖아요. 저한테 남는 일
자리는 기계를 닦는 일 정도 아닐까요? 이 현실을 제가 어떻게
받아들여야 하나요.

A   잉여 노동력이 생길 수밖에 없는 근본적인 원인은
기계화에 있다는 게 마르크스가 분석한 법칙이죠. 상대적
과잉 인구의 축적 말입니다. 노동자들이 점차 산업예비군
으로 구조화되고 쌓여 나간다는 거죠. 1945년부터 1970년
까지는 자본주의 장기 번영의 시기라서 고성장을 했기 때
문에 그런 경향을 상쇄하는 게 가능했는데, 이윤율 저하 경
향이 관철되면서 장기 불황이 현실화되니까 그 법칙이 강
력하게 나타나는 거거든요. 이런 변화의 핵심은 마르크스
가 19세기에 얘기한 자본주의의 축적 법칙 속에서 이미 예

견됐던 건데, 자본주의에서 이건 해결할 길이 없어요.

Q **그럼 제 일자리를 기계한테 빼앗기는 거잖아요.**

A 혹시 알파고 대국 보셨어요? 저도 알파고를 보면서 너무 무섭던데, 놀랍더라고요. 과학 기술, 소프트웨어의 발전이 저런 정도까지 성과를 낸다는 게요. 그것만이 아니죠. 병원에 가면 의료 기술이 대단하거든요. 요즘은 수술할 때 대부분 내시경 수술을 하지 개복하는 경우는 거의 없다고 해요. 그런 것들이 의술의 발전이란 면도 물론 있지만 IT 혁명의 결과물이에요. IT 기술과 의료 설비들이 결합한 결과거든요. 굉장히 놀라운 변화죠. 생산력이 이렇게 고도로 발전해서 인간을 생산 과정에서 방출해 나가는 건 사회적 진보예요. 기술력이 발전해서 기계화, 자동화로 인간을 고통스러운 노동에서 해방하고 생산 과정으로부터 해방해 여유로운 생활을 할 수 있게 하는 토대거든요. 생산성이 높아지니까 사회도 풍요로워지고요.

문제는 자본주의의 지배 아래에서 생산력 발전은 그런 결과를 가져오지 않는다는 거예요. 생산력의 발전이라는 사회적 진보가 자본주의에서는 재앙을 가져옵니다. 이윤의 지배 때문이죠. 한편에서는 자본가들에게 이윤율 저하라는 위기로 나타나고, 노동자들은 산업예비군을 구조화하는 비극으로 나타나요. 이게 21세기에 들어서는 획기적으로 강화될 거라 전망해요. 정부나 재벌들 쪽에서 IT 기술의 혁명이 인간 일자리를 없애는 것에 대해 걱정하지 말라고 하거든요. 얼마 전에 최양희 미래창조과학부 장관도 방송에 나와서 그러더라고요. 다른 일자리가 창출된다고요.

Q   **그게 기계 닦는 거잖아요. 기계 뒷바라지하는 거.**

A   아니요, 신산업이라든지 새로운 일자리가 생겨서 그 인력들을 다 흡수한다는 거예요. 말하자면 경제가 고도성장해서 방출되는 노동력을 다시 흡수한다는 얘기거든요. 그 주장은 설득력이 없어요. 장기 불황의 시기에는 그렇게 되지 않거든요. 기계화, 자동화에 의해 방출되는 노동력의 문제가 더 심각하게 부각될 거예요. 지금 시대가 그렇습니다. 자본주의가 21세기에 들어서서도 장기 불황에서 벗어나지 못한다는 건 이런 문제를 해결할 수 있는 길이 없

다는 말입니다. 이걸 해결할 방법은, 대기업, 금융 기관들을 사회화해서 이윤 원리에 의해 운영하지 않게 만드는 것뿐이에요. 물론 사회화하더라도 자동화에 의해 노동자들은 과잉이 되겠죠. 하지만 노동 시간을 단축하고 일자리를 나눌 수 있고요, 또 국가가 사회적으로 유용한 다른 일자리를 창출해서 사회적 서비스를 대폭 개선할 수 있어요. 얼마든지요. 부족한 게 얼마나 많은데요. 사실 지금 교사도 충분하지 않잖아요.

Q **가르치는 일도 로봇이 더 진보적으로 잘 할 수 있을 것 같아요.**

A 그렇더라도 지금보다 교육 여건을 개선할 수 있어요. 어디나 다 그래요. 사회 공공 서비스를 개선하는 공무원을 더 뽑을 수도 있죠. 그래서 산간벽지까지 서비스를 확대할 수도 있고요. 자본주의 사회에서는 잉여 인력을 해결할 수 있는 길이 없어요. 왜냐하면 이윤만 갖고 운영하니까요. 그런데 다른 사회 체제에서는 할 수 있다는 거죠. 산간벽지에 이용이 적은 기차역 같은 것도 없애지 않고 고용

을 확대해서 그냥 운영하면 돼요. 그 돈이 어디서 나오느냐. 대기업을 사회화해서 국영 기업이 되면 그 이윤들이 국가 재정의 토대가 되거든요. 부자들한테 세금 더 걷고. 그렇게 해야 나중에 생산력이 더 높아지면 사람들이 일을 적게 하고 살 수 있게 되는 거죠. 로봇이 많은 걸 하니까. 사람들은 자기 하고 싶은 거 찾아서 능력에 따라 일하면 되는 거예요.

Q   기계가 사람을 지배하는 사회가 오지는 않을까요. 알파고가 너무 똑똑하잖아요. 사람의 감성이나 심리도 파악하고. 우리가 기계의 노예로 살 수도 있을 거 같아요.

A   전공자가 아니라 인공 지능이 어디까지 발전할지는 저도 알 수가 없겠더라고요. 기계가 상황을 인지하고 그걸 판단하고 그래서 결과를 보고 학습을 한다는 건 정말 상상을 초월하는 일이잖아요. 그것 자체가 놀라운 일이거든요. 인공 지능 문제는 자본주의에서 기계화, 자동화가 가져오는 경제적 귀결의 문제를 넘어서는 측면이 있는 것 같습니다.

저도 바둑을 좀 두는데요, 바둑 수^手가 엄청나게 많거든요. 그 많은 수를 계산하면서 형세 판단도 하고 거기서 최적점을 찾는다는 거예요. 9단 고수들이 온갖 수를 생각하면서 두는 수인데, 알파고가 그런 수들을 능가하는 수를 두는 거죠. 알파고 뒤에 1200개 컴퓨터 중앙 처리 장치^{CPU}가 있고 거기서 시뮬레이션을 돌려 알파고가 다음 수들을 판단한다고 해요. 그러니까 어느 점들이 좋은지 선택하고 시뮬레이션을 돌려 그중에서 최선의 점을 판단하고 선택하는 겁니다.

알파고가 수만, 수십만 가지 경우의 수를 다 계산하지 못하니까 확률이 낮은 수는 시뮬레이션을 안 돌린대요. 그런데 4국에서 이세돌이 알파고가 뺀 그 수를 둔 거예요. 그러니까 알파고가 당황한 거죠. 그래서 이상한 수를 몇 수 둡니다. 이세돌이 둔 수가 78수인데, 이세돌이 그걸 뒀을 때도 알파고는 자기가 이긴다고 생각했나 봐요. 그 수를 뒀을 때 알파고가 계산한 승률이 70%였대요. 근데 몇 수가 지난 87수 때 승률을 50% 아래로 계산했다는 거예요. 아, 졌다는 거죠. 알파고가 지금까지 기계들과 대국하면서 한 번도 져 본 적이 없대요. 인간하고는 유럽 챔피언과 처음 대결해서 이겼고, 이세돌하고 하면서도 세 판을 내리 이겼잖아요. 구글 딥 마인드 CEO가 이 대국을 이렇게 평가하더라고요. 진 적이 없어서 알파고의 문제를 확인할 수 없었는데 이세돌 덕에 알파고가 흔들리는 걸 처음 접해서 알파고의 문제를 개선할 수 있게 됐다고요. 그게 이번 대국의 정말 큰 성과라고요.

알파고가 스스로 학습 능력이 있다고 하잖아요. 그런 오류들을 계속 교정해 나가면서 인간의 사고와 경험, 판단과는 비교할 수 없이 빠르게 진화하는 거거든요. 알파고가 하루에 대국을 3만 번 한다고 하죠? 인간은 하루에 한 번 대국하면 지쳐서 더 못 하잖아요. 저는 제3국에서 이세돌이 알파고에 완패했을 때 어떻게 해도 기계를 잡을 수 없는 상황에 곤혹스러워하던 표정이 정말 인상적이었습니다. 미래의 인류가 자신이 만든 기계를 어떻게 하지 못하는 비극적 상황을 보는 것 같아서요. 물론 아직은 이게 기계의 승리, 인간의 패배라고 할 수 있는 건 아니죠. 알파고를 만든건 딥 마인드의 개발자들이니까 여전히 인간의 승리입니다. 하지만 인공 지능의 진화가 행여라도 이세돌의 곤혹스러움을 넘어 인공 지능 개발자들도 어떻게 통제할 수 없을 정도로 나아간다든지 또는 사회적 통제의 범위를 넘어가면 문제는 달라집니다. 그러면 영화 같은 심각한 상황이 될지도 모르죠.

알파고와 자본주의

Q **인간의 존엄성을 훼손하는 것 같아요.**

A 그런데 저는 알파고를 보면서 반성도 많이 했어요. 이공 과학이나 의학, 물리학, 이런 분야의 발전을 보면 너무나 대단하잖아요. 그 성과들이 실제로 적용되고, 맞았는지 틀렸는지 어디가 잘못됐는지, 분명하게 평가받거든요. 그래서 잘못된 건 버리고 발전과 진화를 더 해 나가고요. 거기에 비하면 사회과학은 과학의 외양을 취하고 있는데 사실 가짜 과학인 거죠. 경제학은 지금 세계 경제가 위기인지 아닌지 언제 회복되는지 분석도 잘 못합니다. 경제학자

들이 수없이 많은데 말입니다. 이 사람들은 애덤 스미스가 어쨌다는 둥, 리카아도가 어쨌다는 둥, 마르크스가 어쨌다는 둥 현재와 미래의 문제보다는 끊임없이 과거의 경제학자들 이름만 떠들어 대는 거죠. 부르주아 경제학자들은 말할 것도 없고요, 마르크스주의 경제학자들도 문제가 많습니다. 마르크스 시대와는 다른 자본주의 시대가 열렸는데, 이 시대의 자본주의가 어떻게 변화됐는지, 위기 형태는 마르크스 시대와 어떻게 달라졌는지, 그리고 자본주의 법칙들이 어떻게 바뀌었는지, 그래서 자본주의가 어떤 단계에 있고 앞으로 어떻게 전개될지 이런 걸 분석해야 하는데 말이에요. 물론 많은 마르크스주의 경제학자들이 이런 문제를 다루고는 있지요. 하지만 이게 정말 과학적인 분석인가 의문이 많습니다. 마르크스의 정치경제학 비판에 대해서는 추호의 의심이 없습니다. 그건 사회과학의 유일한 과학이거든요. 문제는 마르크스의 정치경제학 비판을 따른다는 마르크스주의 경제학자들이지요. 2008년 금융 위기 논쟁 같은 걸 지금 와서 평가해 보면 그런 생각이 듭니다. 타당하지 않은 주장이 너무 많았거든요. 그 당시 신자유주의가 종말을 고했다든지, 위기관리를 위한 국가 개입을 두고 케인스주의의 복귀라고 한다든지 또 위기가 너무 크니까 자본주의는 이걸로 붕괴한다, 종말이다, 이렇게 주장하는 사람들도 있었죠. 심지어는 몇 년도에 자본주의가 붕괴한다는 윤소영 교수의 황당한 주장까지도 있었어요. 위기 후 지금 신자유주의, 자본주의는 재건되었는데 말입니다.

이 터무니없는 주장들을 마르크스주의 경제학의 이름으로 한 거거든요. 이들로 인해 마르크스주의 경제학은 엄청 불신을 받았겠죠. 이공 과학의 눈부신 성과들과 비교해 보면 반성해야 할 부분이죠. 문제는 이런 주장을 하는 이론가들이 그럼에도 불구하고 버티고 살아남는 거예요. 현실의 객관적 평가를 받고도 자신의 이론에 어떤 오류가 있는 돌아볼 줄도 모르죠. 뻔뻔스러운 겁니다. 이공 과학 쪽에선 불량품이 만들어지면 곧바로 폐기하거든요. 사회과학, 경제학에는 불량품이 없어지지도 않고 너무 많이 넘쳐나요. 여기는 과학의 세계가 아닙니다.

Q   경제학도 알파고가 더 잘하겠죠? 마르크스가 살아 있었어도 알파고를 무서워했을까요?

A   글쎄요. 알파고도 그렇고 자연과학이나 이공 과학자들은 생산력의 발전이 사회 체제, 자본주의 체제에 어떤 결과를 가져오고 인간에게 어떤 경제적 결과를 가져올지에 대한 분석은 못 할 겁니다. 마르크스 경제학에서 해야 하는 일인데, 워낙 이 세계에 불량품들이 많아요. 경제학에 대한 회의나 자괴감이 크죠.

마르크스도 IT 혁명이 이렇게 진화한 세계는 생각을 못 했을 거예요. 21세기로 오니까 과학 기술 혁명이 정말 빨라진다는 생각이 듭니다. 다시 '마르크스의 문제'로 돌아오면, 정말 일자리가 심각하게 위협받겠더라고요. 자본주의하에서 기계화, 자동화가 가속화되면 사람들은 뭐 하면서 사나 하는 근본적 문제가 생기는 거예요. 벌써 자율 주행차는 현실되고 있죠. 택시, 버스 기사의 일자리가 조만간 다 날라 가겠더라고요. 이건 시작에 불과한 겁니다. 그래서 공산주의 사회로의 이행이 불가피하다고 주장하는 거죠.

Q   **기술을 소수의 자본이나 기업이 독점하고 있는데, 기술이 더 발전할수록 대중의 힘은 상대적으로 더 약해지지 않을까요? 지금도 기업이 국가보다 힘이 더 세잖아요. 세계적인 기업이**

더 성장할수록 우리를 더 통제하고 옭아매지 않을까 염려돼요.

A   그러니까 정책 전환이 필요한 거예요. 국가가 그 힘을 되찾아야죠. 노동자 계급의 정치적 힘이 커져서 자본주의 국가를 바꿔 나가고. 그렇게 진보적 경제 정책으로 전환해야만 대안이 되는 거죠. 기계가 문제는 아니에요. 기술이 발전되는 사회 체제, 자본주의적 조건이 문제죠. 생산력의 발전, 진보는 필요하고, 미래 사회로 발전하기 위한 토대이긴 한데, 그게 자본주의적 관계에서는 일자리 문제와 위기 같은 심각한 폐해를 가져오기 때문에 자본주의를 지양하는 게 불가피해요. 앞으로 기계화, 자동화가 가속화될수록 새로운 사회로의 이행의 불가피성이 더 부각될 거예요. 그렇지 않으면 자본주의 사회에서 인류는 정말 생존을 심각하게 위협받을 겁니다.

미래창조과학부 장관이 고도의 자동화, 기계화가 되면 다른 일자리가 창출된다고 하던데

; 지금 같은 장기 불황의 시기엔 일자리 창출이 안 된다. 기계화, 자동화에 의해 방출되는 노동력 문제가 더 심각하게 부각될 것이다. 대기업과 금융 기관 사회화로 이윤 원리를 폐기해야 한다.

경제학도 알파고가 더 잘하지 않을까?

; 이공 과학의 눈부신 성과와 비교해 보면 반성할 부분이다. 이공 과학 쪽은 불량품이 만들어지면 곧바로 폐기하지만, 사회과학이나 경제학에는 불량품이 없어지지도 않는다.

알파고 같은 기술을 소수 자본이 독점하는 게 문제 아닐까?

; 국가가 그 힘을 되찾아야 한다. 생산력 발전은 미래 사회로 발전하기 위한 토대지만, 자본주의적 관계에서는 일자리 문제 같은 심각한 폐해를 가져오기 때문에 자본주의 지양이 불가피하다.

구조조정에 대한 진보적 대안

: 사내 유보금 환수 운동의 의미

구조조정의 전제가
틀렸다

Q   요즘 뉴스만 틀면 산업 구조조정 얘기가 나오던데요, 언론에서 하는 얘기들을 들으면 정말 구조조정을 해야 할 것 같다는 생각이 들더라고요. 안 하면 나라가 망할 것 같고요.

A   산업 재편은 우리나라만이 아닌 세계적인 문제죠. 특히 한국은 세계 경제에 절대적으로 의존하는 구조로 성장해 왔기 때문에 조선, 철강, 해운 등 우리 수출 주요 기업들이 세계적인 구조 불황 아래서 구조조정 압박을 많이 받아요. 이게 참 어려운 문제예요. 세계 시장에서 우리 산업, 기업들이 경쟁력을 유지하고 적응해야 한다는 게 생존을 위한 전제가 돼 버렸잖아요. 저도 개별 산업들의 상황에 정통하지 않아서 어느 정도 구조조정을 해야 하는지, 구조조정을 하면 경쟁력을 다시 회복할 수 있는 건지 얘기하기 어려워요. 다만 과거 외환 위기 시의 구조조정 경험, 즉 신자유주의적 구조조정으로부터 구조조정의 핵심적 문제는 알고 있죠.

위기의 주범인 재벌 기업의 소유자와 경영자, 채권자의 손실을 최소화하고 구제해 준다는 것, 이를 위해 투입된 막대한 공적 자금은 대중의 조세 부담으로 귀착된다는 것, 그리고 정리 해고와 임금 삭감 등을 통해 노동자들이 구조조정의 고통을 대부분 떠안는다는 것 말입니다. 그게 이른바 '손실의 사회화'였고, 2008년 금융 위기 때도 이런 신자유주의 개입 정책의 본질이 세계적으로 확인되었죠. 이런 구조조정은 안 된다는 게 그때나 지금이나 진보 좌파 진영의 원칙이고, 재벌 소유자와 경영자 그리고 채권자의 손실 부담 위에서 사회화 프로그램을 실행하자는 게 신자유주의 구조조정에 대한 진보적 대안의 핵심입니다. 공적 자금이 투입되는 기업과 금융 기관은 국영 기업으로 유지해야 한다는 것이죠.

1997년 외환 위기 때는 이런 좌파의 주장이 대중에게 생소했죠. 당시는 김대환 교수 등이 진보 교수라면서 민주노총 주변에서 국민주나 종업원지주제 같은 이른바 민주적 민영화를 주장하던 때입니다. 이런 건 사실 신자유주의의 일환인데, 실제로 김대환 교수는 그 후 노무현 정권에서 노동부 장관을 지냈고, 현 박근혜 정권에서는 노사정 위원장을 맡아 신자유주의 노동 개악의 선봉에 서 있어요. 구조조정 반대 투쟁으로 이런 사이비 민주 대안을 밀어냈고 점차 사회화 대안에 대한 이해가 퍼졌죠. 이제는 상식처럼 되었지만 말입니다. 이번에는 정부의 재정 자금 투입 대신 한국은행을 끌어들여 양적 완화로 자금 지원을 도모하려 하지만, 사안의 본질은 똑같습니다. 다만 구조조정의 대안을 논의하려면 이를 뒷받침할 정치적 힘이 필요한데, 그런 힘이 지금 없는 거죠. 1997년 외환 위기 때만 해도 노동조합들이 조직적인 힘을 가지고 있어서 이들과 함께 대안을 모색하고 요구 수준을 높이도록 투쟁 방안을 모색할 수 있었는데, 지금은 사실 그런 동력이 많이 떨어져 있는 상태고요. 어떻게 정부의 구조조정에 대해 사회화 대안을 낼 수 있을까, 참 어렵다는 생각이 많이 들어요.

Q **당시 김종인 더민주당 대표가 실업 기간 생존 문제나 실업 대비 교육을 미리 준비해서 구조조정에 박차를 가하라고 하던데요.**

A 정부든 더민주당이든 이 사람들이 요구하는 구조조

정은 기본적으로 신자유주의적 요구안이에요. 실업 대책, 실업 수당 강화나 직업 재전환 교육이 필요하긴 하지만, 이런 것들도 노동자의 정치적 힘이 있을 때 현실성 있는 대안으로 나올 수 있거든요. 지금 같은 상태에서 이런 요구안들은 정부의 시장주의 구조조정에 들러리 서는 요구로 전락할 가능성이 크죠. 다시 말해 김종인 안이라는 건 정부 안이 관철되도록 설득하는 역할 이상을 하지 못해요.

세계적인 산업 재편과 구조조정, 그로부터 비롯되는 정리해고와 실업 문제에 직면하다 보면, 세계 경제 종속적인 우리나라의 성장 패턴을 바꿀 근본적인 대안이 필요하다는 생각입니다. 좌파 정권이라고 해서 사회화 대안으로 갑작스럽게 대외 종속적인 재생산 구조를 바꾸기는 어렵거든요. 그 재생산 구조는 장기적으로 변화시켜 나갈 수밖에 없어요. 그런 재생산 구조가 지배하는 한, 사회화 대안도 현실적으로 많은 어려움에 직면할 수밖에 없습니다.

그래서 이전부터도 내수 중심의 경제 구조 재편을 요구한 거거든요. 세계 경제에 대한 의존을 줄이고 자율적, 자립적으로 이 경제를 조절할 수 있는 구조를 갖춰야 해요. 그런데 지금은 오히려 대외 의존과 종속이 심화해서 이전보다 더 어려운 상태죠. 현재의 세계 분업과 산업 구조를 유지, 강화하는 방식으로 구조조정을 한다면 사회화 대안은 힘을 얻기 더욱 어렵게 되겠죠. 한국 경제는 세계 경제의 위기에 더욱 취약해질 겁니다.

Q 〈조선일보〉는 그래서 신성장 동력을 찾아야 한다고 하던데요. 생산력 발전과도 연관된 문제 아닌가요?

A 이런 얘기가 나오는 건, 지금까지 한국 경제가 국제 분업 체계의 변화에 적응해서 그 변화를 따라가거나 선도적으로 산업을 재편하는 방식으로 생존해 왔기 때문이에요. 국제 분업 체계에 적응하느냐 못 하느냐가 한국 경제로서는 존망이 걸린 문제였거든요. 반도체라든지 전자 부문 같은 것들이 대표적이죠. 세계 시장의 변화를 좇거나 선도해서 그 분야의 세계적인 기업들로 성장해 온 경우예요. 지금 신성장 동력이라는 건 한국 경제가 다시 한 번 새로운 성장 산업에 적응해 이런 해외 의존적 경제 구조를 이어 가자는 취지인 거죠.

사실 이렇게 되면 한국 경제는 다른 대안을 모색하는 게 점점 더 어려워져요. 1997년에도 한국 경제가 신자유주의로 전환하고 세계 경제에 더 편입되면 좌파의 대안은 점점 더 어려워진다고 우려했는데, 현재 구조조정의 어려움을 보면 그게 현실화된 게 아닌가 하는 생각이 들어요.

▌ 사내 유보금은
▌ 노동자를 착취해 만든 이윤

Q   요즘 재벌 사내 유보금 환수 운동이란 걸 하던데요, 30대 재벌 사내 유보금이 710조 원이라고 하고, 가계 부채도 1200조 원 정도 되잖아요. 재벌 사내 유보금이 많아질수록 우리 가계 부채도 늘어난다고 하던데, 둘 사이에 상관관계가 진짜 있나요?

A   사내 유보금이라는 게 재벌들이 축적한 이윤이에요. 재벌 기업들에서 부가 가치를 생산하거든요. 부가 가치는 둘로 나뉘어요. 하나는 임금이고 하나는 이윤이에요. 이 이윤 중에서 기업들이 이자를 지불하고 배당 이윤을 지

급하고 남는 게 사내 유보금이에요. 이게 계속 축적되어서 710조 원이라는 엄청난 금액이 된 거죠. 전체 재벌 기업들에서 생산한 총 부가 가치 중에서 임금 빼고 나면 이윤이니까, 이윤에서 이자와 배당 이윤을 얼마를 빼든 사내 유보금은 임금을 희생해서 축적한 건 분명해요. 임금을 줄이면 줄일수록 이윤은 늘어나는 거죠. 그리고 임금이 줄어들면 노동자들은 재생산에 필요한 자금을 그만큼 대출받아 쓸 테니까 둘 사이에 연관성이 있는 거죠.

Q 그런데 사내 유보금이라는 게 현금성 자산도 있지만 실물 자산도 있다고 하잖아요. 그래서 재계에서는 생산 설비같은 것들도 다 사내 유보금에 포함되는데, 이게 잘못 알려져서 자기들이 현금 쌓아 놓은 사람들처럼 인식된다고 반발하잖아요. 기업이 투자해야 하는 돈들, 투자했던 돈들도 다 사내 유보금인 건데, 이걸 이윤 축적이니, 곳간에 쌓아 놓았다느니 할 수는 없는 거 아닌가요?

A 축적된 이윤이라는 건 맞죠. 기업들이 지금 가진 기계 설비나 금융 자산 중에서 자기들이 원래 투자한 자본금

은 얼마 되지 않아요. 이 자산들은 태반이 그동안 쌓아 온 사내 유보금에서 충당된 것들이에요. 그러니까 기계 설비는 정상적으로 투자한 것들이고 현금성 자산은 사내 유보금인 게 아니라 모든 기업의 자산들은 일부 부채로 조달한 것도 있지만 사실은 대부분 축적된 이윤의 표현들이에요. 예컨대 삼성전자의 납입 자본금은 1조 원도 안 되지만 사내 유보금은 190조 원에 육박합니다. 축적된 이윤의 규모가 납입 자본금과 비교할 수 없이 많죠. 이게 그동안 이자도 지급하고 배당 이윤도 다 빼고서도 그렇다는 겁니다. 물론 이자, 배당 이윤도 모두 자본가들의 소득으로 돌아가죠. 기업들의 사내 유보금이라는 건 그동안 얼마나 노동자들을 착취했는가를 보여 주는 지표입니다. 현금성 자산이든 기계 설비든 부채로 조달한 부분을 빼면 현재 자산의 대부분은 다 노동자들을 착취해서 만든 것들이죠. 몇십 년 동안 쌓아 온 자산, 그건 대개 이윤이 누적된 것들이에요.

Q   그걸 다 환수해 버리면 그게 사회화랑 뭐가 달라요?

A   사내 유보금을 건드리는 건 이윤에 대한 통제권을

얘기하는 거예요. 물론 이것도 넓게 보면 사회화의 한 부분이죠. 낮은 수준의 사회화입니다. 하지만 통상 사회화라는 건 기업의 소유 관계를 바꾸자는 얘기거든요. 높은 수준의 사회화죠. 그런데 지금 상황을 보면 축적된 이윤이 너무 커졌죠. 소유 지분보다 훨씬 더 커진 거예요. 그러니까 사내 유보금을 다 환수하는 게 더 어려워요. 소유 지분을 사회화하는 게 더 쉬워진 거죠. 국가와 사회가 재벌에 합당한 보상을 하고 재벌 소유 지분을 사회로 가져오는 게 훨씬 쉬워요. 금액이 적으니까요. 사회화를 통해 소유 지배 지분을 바꾸면, 이제 국가와 사회가 축적된 이윤에 대한 통제권을 다 가져가는 거니까 이걸 환수하고 말고 하는 문제가 없죠. 아주 간단해요. 그런데 사실 이 길이 어렵거든요. 재벌 사회화를 주장한다고 해서 실행할 수 있는 상황이 아니니까 대신 이윤에 대한 사회적 통제권을 제기하는 거예요. 이윤에 대한 통제권은 재벌의 소유권을 건드리는 게 아니니까 요구 수준이 낮거든요.

Q   일각에서는 사내 유보금을 다 환수하면 회사에는 자본금이랑 부채만 남아서 기업 경영이 불가능해진다면서 왜 이런 불가

**능한 운동을 하냐, 차라리 사회화라고 솔직하게 얘기해라, 라는
식으로 비판을 하더라고요.**

A   사내 유보금 환수 요구엔 합리적인 측면이 있어요.
지금 기업들이 투자를 잘 안 하는 게 문제거든요. 투자가
안 되니까 성장도 안 되고 고용 증대도 안 된다고요. 이 구
조를 타파해야 하는데, 재벌들은 자기들 이윤 전망만 보고
투자를 해요. 이윤 전망이 없다고 보니까 투자하지 않는 거
죠. 근데 국가와 사회의 관점에서 보면 투자를 확대해서 성
장을 높여야 고용도 늘어나고 경제가 회생할 수 있거든요.
이윤을 목적으로 하는 재벌들은 투자를 안 하니까 국가가
대신 투자를 할 수밖에 없고. 그런데 국가도 돈이 하늘에서
떨어지는 게 아니잖아요. 그러니 재벌들이 여력이 있는데
도 투자하지 않는 자금들을 조세로 환수해서 국가가 공공
투자를 확대하고 성장을 도모하자는 취지예요. 나름대로
합리적인 거죠.

사회화라는 요구는 굉장히 높은 수준의 요구거든요. 사회
화를 통해 재벌 기업들을 국가가 소유하는 건 좌파 권력이
강할 때나 가능하잖아요. 그래서 사내 유보금 환수라는 낮

은 수준의 요구를 하는 거죠. 그런데 사내 유보금 논쟁이 과도하게 발전하면서 축적된 이윤 전체를 환수하자는 것처럼 비친 측면이 있어요. 만약 그런 요구라면 그것보다는 차라리 재벌 소유 지분을 사회화하는 게 훨씬 빠르고 쉬운 길이죠. 다만 그게 지금 정세에서 어려우니 사내 유보금 환수 이야기를 하는 거고요. 그러니까 사내 유보금 환수 문제는 현금성 자산에 한정한 투자 문제의 제기라는 제한된 의미로 이해할 필요가 있어요. 기계 설비 다 뜯어 가자는 취지는 아니에요.

하지만 그런 반론을 하면서 사내 유보금 환수 운동이 잘못됐으니 그만두자고 하는 것엔 반대입니다. 왜냐하면 사내 유보금 문제는 투자 자금의 문제를 넘어서는 근본적인 문제 제기거든요. 투자만이 목적이라면 단순하게 이렇게 이야기할 순 있죠. 법인세 올리고 부자 증세해서 투자 확대하자고요. 그런데 부자 증세나 법인세 인상은 각자가 받은 소득이 정당하다고 전제하고 거기에 대해 세금을 올리자는 요구잖아요. 사내 유보금 환수 요구는 성격이 다릅니다. 사내 유보금이라는 돈의 정체가 사실 노동자들의 노동력을 착취해서 만들어졌다는 걸 폭로하는 측면이 있는 거예요.

그 위에서 현실적으로 환수할 수 있는 대상들을 세밀히 따져 이런 부분에 대해 세금을 올린다든지 하자는 거니까 단순한 조세 문제와 차원이 다릅니다. 이건 노동자에게 현재 재벌의 지배, 착취 구조를 인식시키는 중대한 문제죠. 지금 재벌들이 가진 많은 자산들이 사실 그들이 투자한 자본금이 아니라 다 노동자들로부터 착취해서 만든 자본이라는 걸요. 이게 마르크스가 《자본론》에서 얘기했던 명제죠. 최초의 투자는 자본가들이 자기 자본을 투자한 거지만 결국 그건 다 노동자들로부터 착취한 이윤으로 대체되고도 남는다는 거죠. 결국 자본은 축적된 이윤이라는 거예요. 사내 유보금 문제의 본질을 드러내는 굉장히 중요한 지적이죠.

Q 환수를 한다고 해도 걱정인 게요, 이 운동을 하는 사람들은 그 돈을 최저임금 1만 원에 쓰자, 어디어디에 쓰자고 하는데, 그렇게 쓰면 몇 십 년 후면 그 큰돈이 다 없어지는 거잖아요.

A 그 자금은 국가가 공공 지출하는 거예요. 지출하는 방법은 여러 가지가 있을 수 있죠. 최저임금을 지원하는 방식으로 쓰일 수도 있고, 사회 보장 수당을 올리는 방식으

로, 또 투자 지출로 쓰일 수도 있죠. 어떤 식으로든 지출하는 게 소비를 활성화시키고 투자를 활성화시키는 길이거든요. 그걸 다 그냥 먹고 써 버리자는 취지가 아니라 공공지출, 투자 확대로 경제를 활성화시키자는 거예요. 그럼 경제도 성장하고 고용도 늘고 국민 소득도 증가합니다. 그에 따라 조세도 늘어나 다시 정부 지출을 증가시킬 자금이 만들어지죠. 처음에 지출한 돈은 그냥 없어지는 게 아닙니다. 주요 타깃은 현금성 자산이죠. 실물 경제의 성장을 도모하자는 취지예요. 유가 증권 등 금융 자산에 투자된 돈은 유가 증권 시장에서만 돌지 성장과 고용을 도모하는 투자가 아니거든요.

Q **그런 정책이면 소득 주도 성장론이랑 비슷해지지 않나요. 소득을 보완해 준 다음 투자와 내수를 활성화하자는 거요.**

A   그건 다르죠. 소득 주도 성장론이라는 건 독점 자본의 지배 구조를 문제 삼지 않고 임금 소득의 증대를 통해서 성장을 도모한다는 거잖아요. 임금 소득이 증대하면 내수가 증대하고 그래서 성장한다는 건데 이론 체계가 단순하

죠. 그런데 좌파 진영에서는 임금 인상 요구를 해도 이 요구가 여러 요구들과의 연관 체계 속에 있는 거예요. 여긴 기본적으로 독점 자본의 지배 관계를 청산하는 문제가 있는 거죠. 그걸 청산하려면 재벌 소유 지분의 사회화라는 높은 수준의 요구로 나아가야 해요. 그런데 그 요구를 뒷받침할 수 있는 정치적 권력이 존재하지 않으니까 사내 유보금의 본질을 폭로해서 대중이 착취 관계를 인식하게 하고 장차 독점 자본에 대한 노동자들의 사회화 요구를 동원하고자 하는 겁니다. 좌파 진영은 그 위에서 임금 인상을 주장하고 세금이나 특별 조세 같은 걸 통해서 공공 투자를 확대해 나간다는 취지니까 맥락이 전혀 달라요.

시민 단체나 더민주당 같은 데서 주장하는 소득 주도 성장론은 그렇게 주장하다가 성과가 조금 있으면 그걸로 되는 거지만, 좌파 운동은 그렇지가 않아요. 일부 환수한다고 해서, 공공 투자를 확대한다고 해서 거기서 끝나는 문제가 아니에요. 좌파로서는 이런 운동, 요구 조건들을 독점 자본주의가 지배하는 사회를 변혁하는 문제와 어떻게 연결할까 고민하잖아요. 그러니까 좌파들은 생각할 것도 많고 여러 가지로 힘들고, 힘을 동원하기도 어렵고 그렇죠.

구조조정에 대한 진보적 대안은?

; 재벌 소유자와 경영자, 채권자의 손실 부담 위에서 사회화
프로그램을 실행해야 한다. 공적 자금 투입 기업과 금융 기관
은 국영 기업으로 유지해야 한다.

사내 유보금을 환수해 사회 보장도 하고, 투자도 활성화하자는 건 문재인의 소득 주도 성장론과 비슷한 것 아닌가?

; 완전 다르다. 소득 주도 성장론은 독점 자본의 지배 구조를
문제 삼지 않는다. 좌파는 독점 자본의 지배 관계를 청산하자
는 것이고, 그걸 청산하려면 재벌 소유 지분을 사회화하자는
높은 수준의 요구로 나아가야 한다.

사내 유보금 환수 운동과 사회화의 다른 점은?

사내 유보금 환수 = 이윤에 대한 통제권

사회화 = 기업의 소유 지분 바꾸기

; 이윤에 대한 통제권은 재벌 소유권을 건드리는 게 아니라
요구 수준이 낮다. 그럼에도 환수 운동은 사내 유보금이 노동
력을 착취해 만들어졌다는 걸 폭로하는 측면에서 중요하다.

경기는… 순환하는 거야!

: 좌파를 위한 재테크 ①

이자율은 이윤율에
영향받는다

<u>Q</u>   저희가 3포 세대, 5포 세대이긴 하지만, 그래도 저는 나중에 결혼도 하고 싶고 집도 갖고 싶거든요. 그래서 얼마 안 되지만 월급 일부를 은행에 저금하는데 이자가 너무 낮더라고요. 100만 원을 넣으면 이자가 1년에 2만 원도 안 된대요. 도대체 금리가 왜 이렇게 낮은 거예요?

<u>A</u>   은행에 돈을 넣어 봐야 이자가 많지 않죠. 정기 예금 이자가 2%도 안 되는 상황이니까요. 웬만큼이라도 이자를 받으려면 돈을 엄청나게 많이 넣어야 해요. 1997년 외환 위기 이전에는 우리나라도 이자율이 10% 이상이었어요. 1억 원이 있으면 한 달에 이자를 80만 원 이상 받았죠. 그래서 그때는 사람들 꿈이 1억 원 모으는 거였어요. 그 정도면 평생 연금이 되겠다 했거든요. 지금은 1억을 넣어도 한 달에 이자가 15~18만 원 정도밖에 안 되죠.

금리가 이렇게 떨어진 가장 큰 이유는 장기 불황 때문이에

요. 계속 얘기하던 주제죠? 또 장기 불황 때문에 경기 회복이 부진하니 미국, 유로존, 일본 등 자본주의 주요 국가들이 초저금리 정책을 집행하고 있어서 그럽니다. 투자 유도를 위해 기준 금리를 최저한으로 낮추고 있는데도 투자와 경기는 살아나지 못하고 있죠. 이자율은 자금에 대한 수요와 공급에서 결정되는데, 장기 불황에 빠지면 투자가 잘 이루어지지 않잖아요. 그러면 자금에 대한 수요가 별로 없어요. 기업들이 축적한 이윤을 투자하지 않으니까 여유 자금들은 계속 쌓이지만 투자 수요는 떨어져요. 그러니까 이자율이 떨어지는 거죠. 과거 고성장 시대에는 반대였어요. 투자가 왕성하고 경제가 성장하던 시기니까 투자 수요가 많고, 자금 공급이 달렸고요. 그러다 보니 이자율이 높아졌죠. 그래도 자본가들의 투자가 감당됐던 건 그것보다 더 높은 이윤을 기대할 수 있었기 때문이죠. 그래서 고금리가 가능했어요.

장기 불황의 이면에는 이윤율의 장기적 저하가 있어요. 이자율의 크기는 이윤율에 의해 규정되죠. 물론 공황 때는 이윤율보다 이자율이 더 높아지는 역전 현상이 일어날 수도 있지만(그래서 자본의 위기인 거죠), 이자율이라는 건 평균적으로 이윤율보다 낮을 수밖에 없습니다. 왜냐하면 이윤에서 이자를 지급하는 거거든요. 장기 불황 속에서 평균 이윤율이 하락하니까 평균 이자율도 하락할 수밖에 없는 거죠. 자금 시장에서의 자금에 대한 수요와 공급 관계로 보면 수요는 떨어지고 공급은 많아지니까 이자율이 떨어지는 겁니다. 두 가지가 사실은 같은 이야기예요.

케인스도 장기 침체 이야기를 할 때 신규 투자의 이윤율 전망이 계속 떨어진다고 이야기하죠. 케인스의 개념으로 말하면, 자본의 한계 효율이 떨어져서 투자가 어렵게 되고 이게 장기 침체를 가져오는 한 요인이 됩니다. 그에 따라 이자율도 압박을 받을 수밖에 없고 이자 수취 계급이 존재의 위협을 받죠.

Q   요즘 금리가 떨어지다 못해 '마이너스 금리'라는 이야기도 나오던데 그럼 이제 돈을 맡긴 사람이 이자도 내야 하나요?

A   아니요, 시중 은행에서 은행 고객에게 마이너스 금리를 준다는 게 아니고요, 시중 은행들이 중앙은행에 넣은 예치금에 대해 이자율을 마이너스로 한다는 거예요. 미국

중앙은행인 연준(연방준비제도 이사회)이 경기 부양을 목표로 양적 완화 정책을 추진해서 금융 기관을 뒷받침해 줬잖아요. 양적 완화라는 건 금융 기관들이 보유한 국채나 MBS(주택 저당 증권) 등을 연준이 매입하면서 유동성을 공급하는 거거든요. 그러면 금융 기관들의 자금 사정이 좋아져요. 국채 넘겨주고 연준으로부터 매각 대금을 받으니까 그걸 토대로 대출 여력이 높아지거든요. 그렇게 대출로 투자를 활성화해서 경제를 살리겠다는 게 양적 완화의 목표였죠. 그런데 실제로 양적 완화 정책을 수행해 보니 은행들이 국채나 MBS를 매각해서 확보한 자금을, 대출로 경기를 활성화하는 데 쓰지 않고 다시 연준에 예치했어요. 미국 연준도 예치금에 대해서 아주 작은 수준이지만 일정한 금리를 제공하거든요. 투자가 별로 활성화될 여지가 없으니까 은행들이 그 조그만 이자라도 받아먹겠다고 연준에 예치하는 거예요. 그러다 보니 양적 완화 효과가 제대로 실현되지 않는 거죠. 그래서 미국 연준이 예치금에 이자를 안 준다고 결정한 거예요.

그런데 유로존이나 일본은 미국보다 경기 회복 상태가 더 안 좋거든요. 그래서 유럽 중앙은행과 일본 중앙은행이 특단의 조치를 취한 겁니다. 중앙은행 예치금에 대해서 돈을 내라는 거죠. 그럼 은행들이 그 자금을 예치하는 대신 운용해야 하잖아요. 대출을 확대해서 어떻게든 경기를 활성화하고 경기 부양에 도움이 되게끔 하겠죠. 그게 마이너스 금리예요.

Q **이자율이 경제 성장률이랑 연관이 있다는 건데, 그럼 불황이 계속되면 이자율이 더 떨어져서 거의 0에 가깝게 수렴될 수도 있는 건가요?**

A 미국은 2015년 말 금리를 인상하기 전에 0~0.25%였어요. 유로존도 제로 금리이고요, 일본은 기준 금리가 마이너스입니다. 우리나라는 아직 그 정도는 아니에요. 한국은행이 지난 4월에 기준 금리를 1.5%로 동결했더라고요. 우리나라에서도 양적 완화를 주장하는 사람들이 많죠. 금리도 더 내리라고 주장하고요.

Q **그럼 이제 은행에 돈을 맡길 필요가 없는 거예요? 요즘에 5만 원권이 없다는데, 사람들이 다 집에 돈을 쌓아 놔서 그런 건가요?**

A　　돈을 집에 쌓아 놓고 있는 것보다 은행에 넣어서 몇 푼이라도 이자를 받는 게 낫죠. 시중에 5만 원권이 없는 건 전부 비자금 용도로 꿍치고 있어서 나타나는 현상이고요. 수표는 추적이 되는데 5만 원권은 안 되잖아요. 처음 5만 원권을 만들 때부터 많은 사람이 이걸 우려했는데, 정치권이나 재계도 다 알면서 추진한 거예요. 자기들이 필요하니까요. 명분은 수표 발행 비용이 안 든다는 건데, 다 눈 가리고 아웅 하는 주장이고, 속내는 자기들 비자금 만들려고 한 거죠. 그걸 누가 모르겠어요.

▌ 사야 한다면, 기다려요

Q　　은행에 돈을 넣어도 이자를 거의 못 받으니까 요즘 여기저기서 재테크를 권하더라고요. 그런 사람들 말로는 지방에 한 1억 원 정도면 살 수 있는 건물이 있대요. 그런 걸 대출받아서 하나 마련해 놓고 거기서 임대료를 받는 건 어떨까요? 월 50만 원

은 받을 수 있을 것 같아요.

A   그게 계산상으로는 그렇게 되는데요, 문제는 투자한 자금을 손실 내지 않을 지방 도시가 어디냐예요. 그런 목 좋은 데를 잡아야 하거든요. 상가나 건물 투자했다가 망하는 사람도 많아요. 그런 덴 임대료 수익은커녕 들어오는 사람도 없어요. 또 대출받아 투자하면 대출 이자도 상당한 부담이에요. 거의 손실을 볼 게 뻔합니다.

Q   **진짜 지방 도시는 좀 부침이 있는 거 같은데 수도권은 부동산 값이 안 내려가잖아요. 어떻게 그렇게 계속 오를 수 있는지 신기해요. '곧 부동산 거품이 꺼진다'라는 이야기는 진짜 몇 년째 듣는데 왜 안 꺼지는 거예요?**

A   부동산 시장을 전망하기란 어렵죠. 그걸 알려면 두 가지를 알아야 해요. 하나는 부동산 시장의 고유한 수요 공급 관계예요. 이게 부동산 가격을 결정하는 가장 중요한 요인이죠. 그런데 제가 이건 분석해 본 적이 없어서 잘 몰라요. 이에 대한 전망이 분분하죠.

또 하나는 거시 경제의 전체적인 상황이에요. 부동산 시장의 고유한 수급 관계에 의해 결정되는 가격 메커니즘이 있지만, 그것도 전체적인 경제 상황의 영향을 받거든요. 단적으로 공황에 빠지면 부동산 경기도 침체할 수밖에 없어요. 경기 침체가 되면 투자 전망도 나쁘고요, 또 사람들의 소득 수준이 떨어지고 수요에 제약을 받게 되면서 부동산 투자 수요도 줄어들죠. 2008년 금융 위기처럼 위기가 오면 부동산 시장은 가라앉을 수밖에 없어요. 그동안 올랐던 가격이 상당한 정도로 조정되죠. 그러니까 경기 순환을 볼 줄 알아야 해요. 자본주의의 경기 순환, 이건 법칙이거든요.

현재의 경기 순환을 보면, 미국은 조만간 호황이 막바지 국면으로 치달을 거예요. 실업률이 5% 아래 수준으로 떨어졌거든요. 5% 이하로 떨어지면 완전 고용 수준으로 다가선다고들 해요. 이자율은 그에 비해 아직 상대적으로 낮은데, 올해와 내년에 빠르게 오를 거라고 해요. 그리고 물가도 어느 정도 오를 거고요. 이자율이 어느 정도 오르면 그게 공황으로 가는 마지막 국면이에요. 그러면 호황기에 과잉 생산이 무르익어서 조만간 공황으로 떨어지거든요. 그럼 2018년경 또 한 번 공황이 오니까 그 시기에 부동산 시장도 영향을 받겠네요.

Q **그럼 지금 집을 사면 안 되겠네요.**

A 그렇죠. 집을 사려면 불황기에 사는 게 좋아요. 2008년 같은 큰 위기가 오면 더 좋고요. 심각한 금융 위기는 자본의 큰 위기인데, 위기는 곧 기회거든요. 어떤 자본이 심각한 타격을 받을 때, 다른 자본에게는 새로운 기회가 생기는 거예요. 망해 가는 기업을 인수·합병으로 헐값에 사는 거거든요. 또 금융 시장에서 금융 자산 가격이 폭락하면 거기에 투자했던 펀드라든지 금융 자본가는 큰 손실을 보지만, 새로운 자본가들에게는 그때가 투자 기회예요. 부동산 시장도 그렇죠. 그래서 같은 조건이면 이런 '대위기'가 왔을 때 사는 게 안전하다는 거예요.

이렇게 부동산 시장의 고유한 수요 공급 메커니즘과 거시 경제 상황이 합쳐져서 부동산 시장이 움직입니다. 어떤 경우에는 위기가 오는데도 부동산 경기가 꺾이지 않고 버틸 때가 있어요. 그럴 때는 부동산 시장의 고유한 수급 관계가 양호한 상태인 거죠. 그렇지 않을 때 거시 경제 위기와 겹

치면 가격이 폭락할 수도 있어요.

확실한 건, 자본주의 경제의 운동에서 순환적인 위기가 올 때는 어쨌든 타격을 받는다는 거예요. 사실 금융 위기나 공황이 오면 말 그대로 패닉 상태가 돼요. 진짜 돈을 벌 기회는 이런 때죠. 가장 안전한 투자는 위기 때 하는 거예요. 사람들이 위기라고 생각해서 끝장이라고, 전망이 없다고 마구 비관론이 팽배할 때가 투자의 적기입니다. 그렇게 하면 투자 수익을 올릴 순 있어요.

이건 정말 마르크스 경제학에서만 과학적으로 분석할 수 있는 거예요. 많은 사람이 이 경기순환의 법칙을 알수록 기회가 없어지겠죠. 사람들이 다 알면 위기가 왔을 때 이 사람들이 폭락 장세에서 손 털고 나가지 않고 그냥 버틸 거 아녜요. 이렇게 되면 가격이 많이 안 떨어지고, 그러면 거기서 얻을 수 있는 이익이 줄어드는 거죠. 아무래도 이 이야긴 책에 실리면 안 되겠는데요.

Q   **하지만 그때는 막상 돈이 없죠.**

A   그게 문제죠. 알아도 돈이 있어야 투자를 하는데 우

리는 그런 돈이 없어요. 돈 버는 길은 보이죠. 보통 실물 경제에 따라 금융 시장이 변동하거든요. 평균 주가 지수를 보면 그렇다는 거예요. 개별 기업의 주식은 개별 시황에 따라 경기 순환과 많이 다를 수 있죠. 그런데 금융 시장이 실물 경제보다 증폭돼서 변화를 해요. 그래서 공황 때는 과도하게 떨어져요. 그렇게까지 폭락하지 않아도 되는데, 투자 마인드가 크게 타격받기 때문에 폭락을 한다고요. 그러고 나서 공황 국면, 불황 국면이 지나가면 우선 회복 국면에 단기간에 빠르게 회복하거든요. 과도한 낙폭에 대한 반발이죠. 과도하게 폭락하는 국면에서 사람들은 공황이 계속될 거라고 생각하거든요. 그런데 절대 그렇지 않아요. 공황 국면에서는 자본이 대량 파괴되지만 이 파괴를 통해서 사람들이 모르는 사이에 어느덧 경기 회복이 진행돼요. 그러면서 금융 시장은 다시 회복하거든요. 추세적으로 보면 주가 지수는 호황 국면 말기까지 상승하다가 공황과 함께 추락합니다. 그러니까 사실 과도하게 폭락하는 국면은 주식 투자의 적기예요. 단 평균 주가 지수의 변동과 연동된 상품이 확실하게 그렇다는 겁니다.

단기적으로 보면 물론 이 변동을 맞추기가 쉽지 않죠. 호황 국면까지 주가 지수가 단선적으로 상승하는 게 아니라 상승 추세에서도 기복이 심합니다. 다만 시간 지평을 조금만 길게 보면 돼요. 부르주아 경제학자들은 모르는 것들이죠. 펀드매니저, 파이낸셜 애널리스트, 이런 사람들은 나름대로 경험적 수치 속에서 법칙을 끌어내고 있어요. 부르주아 경제학이 경기 순환론을 이론적으로 해명하지 못하기 때문이에요. 노벨 경제학상을 받은 경제학자들이 대단해 보이죠? 전혀 그렇지 않아요. 누구도 경기 순환과 공황의 법칙을 알지 못해요. 그걸 이론적으로 해명한 건 마르크스의 위대한 학문적 업적이죠.

Q   **앞으로 투자를 엄청 잘할 수 있을 것 같은 자신감이 막 생겨요.**

A   다만 주식 투자에서는 경기 순환뿐 아니라 장기 전망도 볼 줄 알아야 해요. 일본 경제 같은 경우 1990년대에 쓰러지기 시작해서 20년 동안이나 장기 불황에 시달릴 거라는 생각은 못 했잖아요. 당시 니케이 지수가 4만 선에 육박했어요. 1986년부터 1989년 말까지 3~4년 사이에 주식

가격이 세 배 이상이 되었죠. 부동산 가격도 두세 배로 뛰었다고 하더라고요. 이게 버블이에요. 경기가 좋아질 때 뛰어도 너무 뛴 거죠. 그러나 금융 시장의 변동은 실물 경제의 변화에 적응해야 해요. 이렇게 3~4년 사이에 주식 가격이 세 배씩 뛰어 버리면 공황을 통한 폭력적 조정이 불가피해요. 그래서 공황 때 폭락을 하는데, 일본 버블이 이례적으로 너무 컸던 거예요. 부실 채권이 엄청나게 쌓인 거죠. 그런데 부실 채권 처리가 쉽게 이루어지지 않아서 일본이 20년 장기 불황으로 간 거예요. 그때 4만 선에 육박했던 니케이 지수가 20년이 지난 지금도 반 토막이에요. 그런 때는 공황기에 사 뒀더라도 이득을 보기 어려운 거죠. 은행에 예금이라도 했으면 이자라도 받았을 텐데, 반 토막 상태로 20년이 지나면 투자 손실이 나거든요.

2008년 금융 위기 때도 주변의 몇몇 사람들에게 그렇게 얘기했어요. 잘못 투자해서 가격이 내려갔어도 지금은 팔면 안 된다고요. 차라리 조금 더 가지고 있으면 주가가 회복돼요. 2008년 바닥이었을 때 코스피 지수가 1000선 아래로 떨어졌는데, 오래전에 2000선을 회복했잖아요. 그러니까 공황 때 사면 최소한 손실은 안 봐요. 단 한국 경제가 일본

같은 장기 불황으로 빠지지 않는다는 전망이 있어야 한다

는 거죠.

도대체 금리는 왜 이렇게 낮을까?

; 장기 불황 때문이다. 장기 불황 속에서 평균 이윤율이 하락
하니까 평균 이자율도 하락한다.

부동산 전망을 하려면?

; 두 가지를 알자. ① 부동산 시장의 고유한 수요 공급 관계,
② 거시 경제의 전체적인 상황. 현재의 경기 순환을 보면 미
국은 조만간 호황이 막바지 국면으로 치달을 듯. 불황이 오면
부동산 시장도 영향받는다.

집은 언제 사야 하나?

; 같은 조건이면 불황이 왔을 때 사는 게 안전. 대위기면 더
좋다. 주식도 마찬가지. 경기 순환과 공황의 법칙을 이론적으
로 해명한 마르크스 경제학만 안다. 하지만 정작 우리는 돈이
없어서 못 산다.

일본은 한국의 미래다?

: 좌파를 위한 재테크 ②

부동산 값,
버블일까 아닐까

Q   우리나라 가계 부채가 엄청나다고 하잖아요. 뇌관이 막 터질 것 같다고요. 터져서 일본처럼 폭삭 주저앉는 건 아닐지, 걱정도 돼요.

A   일본은 1980년대 말 3~4년 사이에 집값, 주식값이 세 배씩 뛰니까 기업, 개인 가리지 않고 차입해서 투자를 정말 많이 했어요. 은행들이 돈을 막 빌려주고, 토지 담보로 또 빌려주고 그랬죠. 그래도 은행은 이자 수입이 생기니까 좋고 개인도 투자해서 집값이 오르니까 좋았어요. 그래서 마구 투자를 했는데 버블이 엄청나게 생겼다 터지면서 은행도 막대하게 물린 거죠. 주식 가격, 부동산 가격이 폭락하니까 대출 회수가 안 되는 겁니다. 담보 가치 아래로 집값이 떨어진 거죠. 그러면서 부실 채권이 엄청나게 쌓였어요. 은행들이 손실 처리해야 하는 채권들이 쌓이고, 은행이 위기에 빠지자 일본 정부가 막대한 공적 자금

을 투입합니다. 그런데 공적 자금 투입으로 부실 채권 처리가 지체되고 오히려 일본의 국가 부채만 급등하게 됐어요. 2008년 세계 금융 위기까지 겹쳐 일본의 GDP 대비 국가 부채 비율은 200%가 넘어 버렸죠. 결국 부실 채권과 과잉 자본 처리 실패와 대규모 공적 자금 투입의 악순환 속에서 일본이 20년 동안 장기 불황에 빠진 거죠. 물론 고령화 사회로의 진입이라는 인구학적 요소도 장기 불황의 한 요인입니다만.

우리나라는 장기 불황이라 해도 아직 일본 같은 상태는 아닙니다. 금융 기관들이 가계 대출 담보 비율을 부동산 가격이 내려가도 감내할 수 있는 수준으로 책정해 놨어요. 또 지금 가계 부채가 1200조 원이라는데, 부채의 양면이 있어요. 개인도 그렇고 국가도 그렇고 부채 이면에는 자산이 있는 거거든요. 대출을 받으면 부채가 생기면서 현금 자산이 생겨요. 그러니까 1200조 원 가계 부채가 문제가 아니라 받은 대출 자금을 운용해서 유지할 수 있느냐가 문제인 거죠.

일본에서 문제가 된 건 집값, 주식 가격이 폭락하면서 대출받아 투자한 자산으로 부채 상환이 불가능해졌기 때문입니다. 채무 상환 불능이나 이자 지불 연체 등 부실 채권의 문제죠. 일본같이 버블이 터지면 부실 채권의 비중이 확 높아지는 거예요. 그런데 우리나라는 부동산 담보 대출 연체 비율이 아직 특별히 높지는 않더라고요. 은행들이 대출 관리를 어느 정도 하고 있다는 거죠. 은행들은 또 부실 채권에 대해 충당금을 쌓아 놓고 있어서 어느 정도 대응력도 갖추고 있습니다. 일반적으로 대출을 받은 사람들이 자산도 같이 가지고 있어서 자산으로 부채 청산이 되면 금융 기관은 손실을 보지 않아요. 그럴 경우 금융 위기로 발전하지는 않는 거죠. 문제가 되는 건 그게 금융 기관의 큰 손실로 귀결되는 경우예요. 금융 기관은 자본주의 경제의 혈관을 관리하는 기관인데 은행 위기로 혈관이 막혀 버리면 경제가 마비되는 거죠. 관리가 잘 된다면 가계 부채 절대액이 1200조 원이라고 해서 문제가 되는 건 아니에요.

Q   **가계 부채와 부동산 값 사이에 직접적인 연관이 있는 건 아니라는 건가요?**

A   아니죠. 연관이 있어요. 가계 대출의 상당 부분이 부

동산 담보 대출이니까 부동산 값이 폭락하면 대출받은 담보 자산이 없어지는 거고, 그래서 대출 상환이 안 되면 문제가 되죠. 그런데 현재 우리나라 부동산 버블이 1980년대 말 일본처럼 심각해서 버블 붕괴로 금융 기관이 대규모 손실 처리에 몰릴 상황은 아닌 거 같다는 얘기예요.

Q 그럼 부동산 값이 버블인지 아닌지를 판단하는 기준은 뭐예요?

A 부동산이든 주식이든 투자금에 대한 수익 비율로 판단할 수 있죠. 이자율이라든지 물가 상승률이라든지 이런 것과 비교해서요. 또는 실물 자산 대비 주식 시가 총액이나 주택 건축 비용 대비 주택 가격을 통해서도 볼 수 있죠. 주식은 투자한 기업이 내는 이윤을 이자율로 환산해서 적정 가격을 계산할 수 있어요. 예를 들면 이런 겁니다. 어떤 기업에 내가 1억 원을 투자해요. 그런데 그 기업에서 연말에 배당 이윤으로 100만 원을 받아요. 그런데 내가 100만 원을 2%인 현행 이자율로 받으려면 얼마가 있어야 하나요? 5천만 원이죠. 100만 원을 받으려면 은행에 5천만

원을 예금하면 된다고요. 그런데 이 주식은 1억 원을 투자해 100만 원을 받아요. 그럼 이 주식 가격은 버블이죠. 5천만 원이 적정 가격인데 1억 원에 형성되어 있으니까요. 주식 가격은 자기가 받는 배당 이윤에 적응해야 하니까 이런 가격은 조만간 폭락할 수밖에 없어요.

그런데 주식 가격 변동에서 어려운 건, 투자자에게 이 배당 이윤이라는 게 1년 뒤에 결산해서 돌아오는 수익이 아니라 투자할 때의 예상 이윤이라는 점이에요. '얼마 받을까'라는 기대를 하고 투자하는 거거든요. 그러니까 이게 정말 버블인지 아닌지는 연말이 되어야 안다고요. 그런데 연말에 가서 투자 수익이 안 나도 가격이 폭락하지 않을 수 있어요. 그때도 과거의 배당 이윤에 의해서 주식 가격이 결정되는 게 아니라 미래에 예상하는 배당 이윤에 근거해서 가격이 형성되잖아요. 그러니까 연말에 배당 이윤이 적어도 투자자들이 내년에는 배당 이윤이 더 높을 거라고 기대하면 그 가격이 그냥 유지되죠. 아니면 더 오를 수도 있죠. 그러면 버블이 유지되는 겁니다. 그래도 결국에는 배당 이윤에 의해서 주식 가격이 조정을 받을 수밖에 없어요. 미래 배당 이윤에 대한 기대도 현재 배당 이윤에 영향을 받거든요.

부동산의 경우는 자신이 받는 임대료와 부동산 가격 대비로 계산하는 거예요. 이자율에 물가 상승률까지 감안해서 실질적인 수익을 계산해 역산하면 부동산의 적정 가격이 나오죠. 그 가격과 현재 부동산 가격을 비교해 보면 이게 버블인지 아닌지 판단할 수 있어요. 또는 주택 건설 비용과 주택 가격을 비교해서도 버블 정도를 판단할 수 있습니다. 대체로 서울 강남 쪽은 버블이 심할 거고, 그렇지 않은 지역은 덜할 거고요. 그런데 신자유주의에서의 양극화와 차별이 계급, 계층뿐 아니라 지역별로도 심해져서 부동산 가격에서도 일종의 강남 프리미엄이나 수도권 프리미엄이 형성되었거든요. 그 프리미엄만큼 이들 지역의 부동산 가격이 올라간 거라서 이게 버블 형성을 조장했다고 할수 있죠. 그렇지만 신자유주의하에서 지역별 차별이 고착되면 이 프리미엄이 가격의 고정적인 한 요소가 되기 때문에 그 부분만큼은 버블이 아니라고 해야겠죠. 노령 인구 증가라는 인구학적 구성 변화 때문에 주택 가격이 장차 하향추세를 보이더라도 서울과 강남의 주택 가격은 그렇게 하락하지 않을 거라는 주장은 이 때문에 나오는 겁니다. 전체적으로 보면 현재 우리나라는 1980년대 말의 일본 같은 버블 상황은 아닙니다. 앞으로 부동산 가격이 하락해도 일본처럼 되지는 않을 겁니다.

우리도 터지나요?
'버블버블'

Q　**그래도 요즘 한창 저성장 이야기가 나오면서 장기적 저성장을 겪고 있는 일본처럼 되는 거 아니냐는 얘기가 많던데요.**

A　우리나라도 고성장이 꺾인 건 확실해요. 1997년 외환 위기 직전에 성장의 정점을 찍고 신자유주의 전환이 이루어졌잖아요. 신자유주의라는 게 반인플레 긴축하에서 성장을 포기하고 자본가들의 이익, 특히 금융 자본의 이익을 대변하는 정책이거든요. 그 이래 저성장, 저고용, 금융 투기 구조가 정착돼서 성장률이 둔화하긴 했지만 우리나라는 여전히 성장하고 있어요. 장기 불황이라고 해도 아직은 일본보다 성장률이 높죠. 일본 같은 장기 불황은 아닙니다.

다만 기본적으로 우리나라 경제가 해외 경제에 많이 의존하는데, 세계 경제가 전부 장기 불황에 빠져 있는 상태잖아요. 미국, 유럽, 일본, 이제 마지막 남은 게 중국인데 중국도 이제 고도성장이 꺾일 전환점을 보이니까 한국 경제도 지금보다 성장세가 더 위축될 거라 우려하는 거죠. 우리나라 주력 수출 산업들도 세계 장기 불황 여파 속에서 중국 기업들에게 격심한 경쟁 압박을 받고 있고요.

역사적으로 봐도 우리나라는 일본과 비교할 수 있는 경제가 아닙니다. 장기 불황의 현재 상황도 일본과 다르고, 장기 불황으로 빠졌던 일본의 경험, 역사도 우리와 달라요. 근본적으로 일본 경제와 한국 경제의 재생산 구조가 전혀 다르고요. 그래서 비교할 수 없죠. 일본은 장기 불황에 빠져 있어도 세계 시장에서의 경쟁력이 아주 높아요. 한때 세계 수출 1, 2위를 다투던 나라고 그 경쟁력이 아직도 유지되고 있습니다. 그래서 지금까지 무역 수지가 계속 흑자를 기록했지요. 2011년 동일본 대지진 이후에 전력, 에너지 부문이 큰 타격을 받아서 석유 수입이 급증하고 그래서 무역 수지가 적자로 바뀌었지만, 경상 수지는 여전히 흑자고, 수출 시장 경쟁력이 뛰어납니다. 그런데도 이 나라는 장기 불황에서 못 벗어나고 있어요. 왜냐하면 일본 경제의 중심은 수출 부문이 아니라 내수 부문이거든요. 해외 부문, 즉 수출과 수입은 GDP 대비 30%대 정도밖에 안 됩니다. 그러니까 일본이 장기 불황에서 못 벗어나는 건 내수 부문이 회복되지 않기 때문이에요. 버블 후유증으로 만들어진 막대한 불량 채권들의 처리가 미진해서 투자와 소비가 부진한 거죠.

한국 경제는 전혀 달라요. 한국은 GDP에서 차지하는 해외 부문의 비중이 90% 정도로 압도적입니다. 우리나라 경제는 내수 부문을 중심으로 성장하는 게 아니에요. 그런데 세계 경제가 장기 불황에 빠지니까 우리나라가 받는 압박이 크죠. 일본도 마찬가지지만 일본 경제는 해외 부문에 그렇게까지 의존하지 않거든요. 한국 경제가 더 문제죠.

Q   내수 중심인 경제가 더 좋은 거 아니에요?

A   그게 정상적인 경제죠. 선진국 경제는 내수 경제가 기반인 자립 경제예요. 언론 등에서 우리나라가 일본 경제를 따라 수출 주도 공업화를 수행한 것처럼 말하는데, 객관

적인 관계를 보면 터무니없는 주장이죠. 일본의 공업화는 선진 자본주의의 자립 경제의 길이고 한국의 공업화는 개발 도상국의 해외 종속적인 길이에요. 그러다 보니 우리나라는 해외 경제로부터 받는 타격이 일본보다 훨씬 더 크고 세계적인 장기 불황에 더 취약해요. 일본은 내수 경제가 죽어서 경제 회복이 안 되는 문제고, 해외 경제에 크게 의존하는 한국은 세계 경제의 침체 경향 속에서 부딪히는 어려움이에요. 근본적으로 경제 난국의 성격이 전혀 다릅니다. 그리고 장기 불황의 전사인 일본 버블의 경험도 우리와 다릅니다. 일본과의 비교는 무의미한 것이죠.

Q   내수 경제가 중심인 일본은 어쩌다 세 배나 되는 버블이 생긴 거예요?

A   전사가 있죠. 1970년대 중반 세계 경제가 공황을 극심하게 겪을 때, 미국과 유럽 경제가 장기 침체에 빠졌거든요. 그런데 일본 자본주의는 1970년대 공황 속에서 빠르게 적응하고 회복을 해요. 극소전자 혁신을 선도해서 산업 구조조정을 하고 다시 고도성장을 기록하거든요. 한편 미국

은 침체에서 벗어나지 못하고 특히 1980년대 초 레이건 정부에 들어서서 고금리 고달러 정책을 추진하다가 경제가 죽을 쑵니다. 금리를 높이면 이자 부담이 높아져서 부채가 많은 국가도 재정 부담이 높아지거든요. 또 고금리 정책으로 달러가 높아지니까 미국 제조업들이 엄청난 타격을 받죠. 그래서 1980년대 초 이래 미국은 대규모 쌍둥이 적자, 즉 재정 적자와 경상 수지 적자에 시달리게 됩니다. 이런 상황에서 미국이 일본에 환율 압박을 가해요. 세계 시장에서 미국 경쟁력을 높이기 위해 고달러 정책을 접고 일본에 엔고를 요구한다고요. 그러면서 미국은 저달러 정책으로 전환하는 게 '플라자 합의'입니다.

Q **플라자 합의, 들어 본 것 같아요. 그렇게 된 거군요.**

A 1985년 플라자 합의에서 독일의 마르크화와 일본의 엔화를 평가 절상하고 달러는 평가 절하해요. 플라자 합의를 할 때 환율이 1달러당 260엔이었어요. 그런데 플라자 합의를 하고 나서 2~3년 사이에 1달러당 120엔으로, 달러 가치가 절반으로 떨어져요. 엔화 가치가 두 배 올라간 거

죠. 이 추세가 1995년까지 가요. 그때 1달러당 80엔대까지 내려갔죠. 그러니까 1985년에 플라자 합의 이후 10년간 달러가 엔화 가치보다 3분의 1로 떨어진 거예요.

이 정도 환율 변화면 세계 시장의 가격 경쟁력에 미치는 영향이 엄청나요. 일본 제품 가격이 두세 배 높아지는 거잖아요. 세계 시장에서 일본 기업들이 버텨 낼 수 없죠. 그러자 일본 정부가 일본 기업의 해외 경쟁력을 유지시키려고 정책적으로 저금리 지원을 해 줍니다. 이때가 1980년대 중반인데 세계 경제가 경기 순환적으로 막 호황으로 가는 시기거든요. 호황 때는 점차 이자율이 오르는 게 정상이고 그러다 호황 막판에 공황으로 떨어지면서 이자율이 급등하죠. 그런데 일본 정부가 호황기에 정책적으로 저금리를 유지하니까 이때 버블이 조장된 겁니다.

호황이 돼서 주식 가격이 막 오르고 물가도 오르고 땅값도 오르기 시작하는데 금리를 아주 낮게 유지해 주니까 사람들이 너도나도 대출받아서 투자를 하는 거예요. 앉아서 돈 번다고 생각한 거죠. 그래서 개인, 기업 할 것 없이 은행에서 대출받아다 투자를 하고, 투자하면 투자 수요 때문에 가격은 더 뛰고, 그래서 차액은 더 생기고, 그렇게 막 덤비다가 형성된 엄청난 버블이 결국 터진 거라고요.

결론적으로 말해 지금 장기 불황이라 해도 한국과 일본 양국의 경제 상황이 다른 데다 근본적으로는 양국의 재생산 구조가 전혀 다른 유형이어서 비교할 수 없는 거죠. 고령 사회로의 진입이라는 요소는 앞으로 우리도 일본처럼 안고 갈 문제지만 기본적으로 일본에서 한국 경제의 미래를 볼 순 없어요.

**우리나라도 가계 부채가 터져서 일본 경제처럼 폭삭 주저앉는 건
아닐까?**

; 우리나라는 장기 불황이라 해도 아직 1980년대 일본 같은
버블을 겪지는 않았다. 금융 기관들이 가계 대출 담보 비율을
부동산 가격이 내려가도 감내할 수 있는 수준으로 책정한다.

부동산 값이 버블인지 아닌지를 판단하는 기준은?

; 부동산이든 주식이든 투자금에 대한 수익 비율로 판단할
수 있다. 이자율이나 물가 상승률 또는 실물 자산 대비 주식
시가 총액이나 주택 건축 비용 대비 주택 가격을 통해서 알
수 있다.

자본주의에서
윤리적 축적은 가능할까

: 좌파를 위한 재테크 ③

부동산은 나쁘지만 주식은 괜찮다?

Q   그런데 공황을 기회로 이익을 얻으면 도덕적인 문제가 남아요. 가령 2018년에 불황이 와서 제가 집을 싸게 샀다가 얼마 뒤에 값이 올라서 팔아요. 차익을 남기기 위해 사고 파는 거죠. 좌파가 그러면 안 되는 거 아니에요?

A   그건 당연한 얘기입니다. 좌파가 투기 이득을 탐닉하면 안 되죠. 투기 이득이라는 게 사실은 호황기 막바지에 들어간 사람들의 돈이거든요. 투기 이득을 얻은 사람은 정말 좋겠지만, 그게 다른 사람들에겐 피눈물 나는 돈이에요. 물론 잃은 사람들도 투기꾼이니까, 도박하다가 잃은 거나 다름없으니까 거기에 대해 동정할 필요도 없긴 한데, 사실 관계는 그래요. 도덕적으로 생각하면 투기를 하면 안 되는 거죠.

Q   제가 가끔 팟캐스트를 듣는데 거기 선대인 씨가 나와서

그러더라고요. 부동산 투기는 나쁘지만 주식은 괜찮다고요. 주식에서 시세 차익을 남기는 건 부동산에서 시세 차익을 남기는 거랑 다른가요?

A   똑같죠. 투기 이득이에요. 사람들이 건전한 투자가 있고 도박 같은 투기가 있는 것처럼 투자와 투기를 나누는데, 잘 모르고 하는 말입니다. 정확하게 얘기하면 이런 겁니다. 배당 이익이라든지 이자라든지 임대료 같은 수익을 목적으로 자본을 투여하는 경우에 투자라고 하죠. 내가 주식 투자를 하면 연말에 배당 이윤을 받거든요. 배당 이윤을 목적으로 투자했으면 이건 투자죠. 그런데 투기라는 건 자기가 투자한 원금이 변동하면서 이득을 얻는 경우입니다. 내가 주식 가격이 오를 것을 기대하고 삼성전자 주식을 130만 원에 사서 150만 원이 됐을 때 팔아 치워요. 이렇게 자본 차익을 목적으로 하는 건 투기예요. 전문적인 투기 자본들은 배당 이윤엔 관심 없고 투기 자체가 목적인 반면, 기업을 안정적으로 지배하고자 하는 자본은 투기가 아니라 배당 이윤을 목적으로 하니 건전한 투자다, 이런 식으로 둘을 구분하죠.

Q 그럼 배당금을 받는 건 괜찮은 거예요?

A 배당금도 노동자들이 생산한 이윤의 일부를 소유권에 근거해 영유하는 불로 소득입니다. 다시 말해 자본가들의 착취에 동참하는 거라서 괜찮을 리가 없죠. 다만 여기서의 문제는 투자와 투기가 어떻게 다른가 하는 것이어서 투자에 따른 배당 소득과 투기에 따른 자본 차익을 개념적으로 구분하고 있을 뿐입니다. 그런데 이와 관련한 근본 문제는 자본주의 사회에서 투자와 투기가 사실 구분이 안 된다는 거예요. 예를 들어 배당 이익을 위해 삼성전자 주식에 투자했다 해도 배당 이익만 받는 게 아니거든요. 연말이 되면 주식 가격이 달라져 있어요. 아니, 하루하루 가격이 변동하죠. 설령 배당 이윤을 목적으로 투자했다 하더라도 투자한 자본 원금이 끊임없이 바뀌어요. 투기적인 이득이든 손실이든 계속 발생하는 거죠. 이 사람이 투자한 자금에서 얻는 수익을 보면 투기와 투자가 다 뒤섞여 있는 거예요. 부동산 투자도 마찬가지예요. 내가 월세를 받기 위해 부동산 투자를 했다고 하더라도 부동산 가격이 계속 같은 게 아니라 시장의 수급 관계에 의해 끊임없이 변동하거든요. 1

억 원짜리가 1억 5000만 원이 되면 5000만 원의 자본 차익이 생기는 거죠. 이건 투기 이득이거든요. 이렇게 투자와 투기는 불가분의 관계로 엮여 있습니다.

Q **남에게 팔지 않아도요?**

A 팔지 않아도 이미 잠재적으로 투기 이득이 생긴 거죠. 팔면 잠재적인 투기 이득을 실현하는 거고요. 주식 시장이라는 게 자본주의 시장의 중추를 이루는 시장이거든요. 그런데 이 시장이 전부 투기 시장이라고요. 사람들은 건전한 투자라고 하지만 항상 자본 원금의 변동과 연관돼 있어서 원하든 원치 않든 투기 시장이에요. 전부 투자와 투기가 섞여 있어서 구별이 안 돼요. 주식 투자는 건전하고 부동산 투기는 나쁘다고 말하는 건 웃기는 소리예요.

▌보험, 펀드, 채권, 연금, 계의 속살

Q 전 투기나 차익이나 이런 건 바라지도 않고 그냥 안정적으로 살고 싶거든요. 이런 말을 하면 누군가 저에게 항상 연금 보험을 추천해요. 지금 얼마씩 내면 나중에 연금처럼 받는 거 있잖아요. 이런 건 제 안정적인 미래를 위해서 투자하는 거니까 건전한 투자 아니에요? 내가 낸 돈을 나중에 받는 건데.

A 연금 보험 가입자 입장에서 보면 맞는 얘기죠. 하지만 보험 회사들은 그렇지 않아요. 보험 회사는 그 자금을 토대로 자기들 수익을 내는 게 목적이거든요. 그 자금들은 대부분 채권이나 주식 투자로 흘러가요. 보험 회사들이 보험 가입자들 대신 그걸 운영해 주는 거죠. 변액 연금이 전형적인 경우입니다. 내가 낸 보험료로 투자를 대행해 주고 실적이 나면 배당 수당을 준다는 건데, 투자 수익에 대한 책임은 개인에게 떠넘기거든요. 실적이 안 나면 개인이 손실을 보는 거라고요. 사람들은 개인보다 금융 기관이 더 투자를 잘할 거라고 생각하지만, 금융 기관이라고 언제나 투기 게임에서 이기는 건 아니거든요. 대형 펀드들도 금융 위기에 물리면 엄청나게 손실 처리를 해요. 지난 금융 위기 때 파산한 은행들도 전부 투자 전문가들이죠. 게다가 보험

사들이 운영 수수료도 아주 많이 떼 가요. 일반 가입자들은 투자 손실에다 운영 수수료까지 이중으로 손해를 보는 거예요. 남는 게 별로 없어요. 보험 회사들은 이윤만 챙기는 집단이에요. 믿을 수 있는 사람들이 아니죠. 그래도 살면서 어떤 일이 생길지 몰라 불안하니까 사람들이 보험을 드는데, 보장성 보험이든 연금 보험이든 최소한으로 가입하는게 상책이에요.

Q   그런데 요즘은 국민연금도 투기적으로 운영하잖아요. 그런 부분은 어떻게 봐야 해요?

A   투자 수익이라는 게 생산 부문의 이윤에 토대를 두고 있는 거거든요. 주식 투자를 해서 배당 이윤을 받든 주식 가격이 올라가든 채권에 대한 이자를 받든 그 수익의 토대가 되는 게 전부 실물 부문의 이윤이에요. 실물 부문 이윤율이 제약을 받으면 주식 시장은 절대로 활성화될 수 없거든요. 국민연금이 채권이나 주식에 대한 투자를 대폭 확대한다는 건 한국 경제의 이윤 생산성, 한국 경제의 성장에 의존하고 있다는 겁니다. 국가 재정도 이에 의존하는 거

고, 국민연금이 국가의 건전 재정에 의존하고 있기도 하죠. 국가 재정의 적자가 심해지거나 부채가 많아지면 국채 가격이 하락하고 국민연금 투자 손실이 발생해요. 기업들이 적정한 이윤을 못 내고 한국 경제 상황이 나빠지면 국민연금은 심각한 타격을 입는 겁니다. 사람들이 우려하는 것도 그런 거예요. 노인 세대들은 연금을 받지만 젊은 세대들은 30~40년 뒤에 받는데 그때 가서 무슨 일이 생길지 모른다는 거죠. 한국 경제가 성장의 한계에 부딪힌다든지 재정 위기라도 생긴다면 국민연금은 다 날아간다고 봐야죠.

Q **그래서 따로 민간 보험을 드는 것 같아요.**

A 그런데 민간 보험이 그걸 해결해 주지는 않죠. 그땐 국민연금이든 민간 보험이든 같이 당하는 거예요. 민간 보험이라고 용빼는 재주는 없어요.

Q **그럼 펀드는 어떤가요? 펀드도 나쁜 건가요? 채권은요?**

A 펀드는 개인 대신 펀드 매니저가 주식이나 채권 투

자를 해 주는 거죠. 내가 직접 하는 건 정말 위험하잖아요. 사람들이 주식에 대해 뭘 알겠어요. 주식 투자를 하려면 해당 기업들의 내부를 정통하게 알아야 하는데 일반 투자자들은 그런 걸 잘 모르니까요. 그래서 금융 기관처럼 정보를 접할 수 있는 전문가들에게 투자를 위임하는 거죠. 수익을 올리는 원리는 앞서 설명한 주식과 같아요. 투기 이득을 목적으로 하는 거예요.

그리고 채권은 투자하면 원금과 이자를 받으니까 예금 이자와 비슷한데 한 가지 다른 점이 있어요. 채권 가격은 변동한다는 거예요. 채권 투자를 하면 채권의 원금과 거기 확정된 이자가 명시돼 있거든요. 만기가 되면 그 원금과 이자를 받는 건데, 만기가 되기 전 채권 거래가 가능하니까 채권 가격도 끊임없이 변동해요. 여러 가지 사정에 의해 수급 관계도 바뀌고요. 그러면 가격 변동에서 생기는 자본 차익이 또 있죠. 이건 투기적인 이득이고. 달리 말하면 확정된 이자에도 불구하고 채권 가격 변동 때문에 실제로 받는 이자율이 변동하는 거나 마찬가지입니다.

Q   예로부터 사람들이 많이 해 온 계도 목돈을 만드는 투자

인 거잖아요. 소규모 계 모임은 어떻게 봐야 해요?

A   계에서도 수익을 내려면 받은 곗돈을 운용하는 문제가 있어요. 매번 같이 불입해서 큰돈을 만드는 게 아니에요. 그건 돈을 모으면 모은 금액이 전부죠. 혼자 저축을 하나 여럿이 계를 하나 자기가 불입한 금액은 그것뿐이에요. 옛날에 이 계가 목돈 마련의 계기가 됐던 건, 그렇게 해서 받은 곗돈을 고리의 사채로 돌렸기 때문이에요. 사채를 주고 높은 이자를 받으니까, 그 이자에 의해서 그다음에 내는 불입액이 작아지는 거예요. 당연히 앞 순번으로 곗돈을 타는 사람이 더 유리하죠. 이렇게 적은 금액으로 목돈을 마련한 거거든요. 그러니까 이 계 모임이라는 것도 기본적으로는 거기서 불입한 자본을 어떻게 운용하느냐의 문제가 관련돼 있어요. 위험도가 크죠. 사채 이자로 돌리니까. 그래서 집집마다 계 하다 깨져서 속상하고 난리난 경험이 있잖아요. 제 모친도 그런 경우가 한두 번이 아니었어요. 돈 버는 길이 그렇게 쉽지 않아요.

Q   **요즘 금리가 낮아지니까 건물주들이 전세로 주던 집들을**

월세로 돌리던데, 월세를 받는 건 괜찮은가요?

A   전세를 월세로 돌리는 것 자체가 문제는 아니에요. 전세보다는 월세로 하는 게 훨씬 더 낫죠. 집을 구하는 일반 서민들은 보증금 때문에 전셋집에 못 들어가는 경우가 많거든요. 전세를 예금 이자 수준의 월세로 바꾸면 오히려 목돈 부담 없으니 더 좋죠. 월세가 문제가 되는 건 전세를 월세로 전환하면서 은행 예금 이자율의 몇 배씩을 받기 때문이에요. 요즘 시세는 6% 정도 받는다고 해요. 전세 1억 원에 대해 6% 이자면 600만 원이거든요. 월 50만 원을 내라는 건 세입자 수탈이죠. 1억 원에 대한 예금 이자는 지금 2%가 안 되니까 1년에 200만 원만 받으면 되는데 세 배를 받는 거잖아요. 독일 같은 유럽 국가들은 이렇지 않아요. 거긴 월세가 보편화돼 있어요. 월 임대료를 지자체나 정부 차원에서 엄격하게 규제하니까 함부로 못 올리고 세입자를 쉽게 내보내지 못한다고요. 이게 좋은 거죠. 그런데 이 월세 제도가 우리나라에선 폭리를 취하는 방식으로 바뀌었어요. 천민자본주의가 달리 천민자본주의가 아니에요.

A   임대료라는 게 가격이어서 시장에서 수요와 공급으로 결정된다고는 하지만, 국가가 상한선을 둘 수 있어요. 이자도 법으로 상한선을 두거든요. 임대료라고 시장에서만 결정하라는 법은 없다는 얘기죠. 국가가 서민들의 주택 문제를 중요하게 생각한다면, 월세 상한선을 둬서 3% 이상은 못 받게 한다든지 현행 이자율과 연동시킨다든지 하는 방식으로 규제하면 돼요. 그런데 국회의원이나 정부 고위 관료들은 자신들이 사실 부동산 소유자니까 이걸 안 하는 거예요. 자기 이익을 침해하니까요. 부패한 국회를 청소하면 얼마든지 입법화할 수 있어요.

▌ 재테크에 ▌ 윤리는 없다

Q   그럼 주식, 채권, 펀드, 연금 보험은 투기니까 못 하고, 부

동산 임대는 돈이 없어서 부동산을 못 사니까 할 수 없고…. 그래도 뭔가 불안한 미래를 대비하고 싶은데, 윤리적으로 재산을 축적할 방법은 없는 건가요?

A   그런 건 없죠. 자본주의 사회에서 이익을 얻으려면 자본가들처럼 행동해야 해요. 그러지 않고는 수익을 올릴 수 없죠. 그런데 좌파가 그렇게 투기 수익을 추구할 수 있느냐, 이런 원칙적인 문제가 있네요.

Q   은행에 저금이나 할까요?

A   은행에 저금하는 건 이자 소득을 얻는 건데, 이자 소득의 원천도 사실 생산 부문에서 노동자들이 창출한 이윤입니다. 그 일부를 분배받는 건데 이자라고 윤리적으로 정당할 리가 없죠. 이렇게 얘기하다 보면 자본주의 사회에서 착취와 수탈에서 벗어난 윤리적 재테크라는 건 있을 수 없다는 말입니다. 하지만 개개인이 자본주의 사회에서 살면서 이런 자본주의 경제 관계로부터 떨어져서 결백하게만 살아갈 수는 없습니다. 마르크스주의의 공동 창시자인 엥

겔스도 공장주, 자본가였어요. 좌파 단체나 조직이 이윤 증식이나 투기 이득을 추구하는 건 물론 용납할 수 없는 일이지만, 좌파라는 이유로 그 개개인이 공산주의적 도덕, 가치대로 살기를 요구하기는 어렵죠. 재테크에 윤리는 없겠지만, 재테크로 얻은 수익으로 사회 운동에 기여한다면, 그나마 나은 재테크가 아닐까요? 하지만 이것도 쉬운 일이 아닙니다. 대부분 사람들은 재테크를 하면서 빠르게 자본가를 닮아 가거든요. 그리고 사회 운동으로부터 멀어지죠.

집을 싸게 샀다가 값이 오른 뒤에 팔면 어떨까?

; 투기 이득은 호황기 막바지에 들어갔던 사람들의 피눈물
나는 돈. 좌파가 투기 이득을 탐닉하면 안 된다.

부동산 투기는 나쁘지만 주식은 괜찮다고 하던데?

; 주식도 투기 이득. 주식 배당금은 노동자들이 생산한 이윤
일부를 소유권에 근거해 영유하는 불로 소득이다. 다시 말해
자본가들의 착취에 동참하는 것. 더 근본 문제는 자본주의 사
회에서 투자와 투기가 구분이 안 된다는 거다.

좌파가 윤리적으로 재산을 축적할 방법은?

; 없다. 대부분 재테크를 하면서 빠르게 자본가를 닮아 간다.
자본주의에서 이익을 얻으려면 자본가처럼 행동할 수밖에 없
기 때문.

사회적 경제는 자본주의의
대안이 될 수 있을까

이 체제를
건드리지 않겠다는 것

Q   몇 년 전부터 사회적 경제가 유행인 것 같아요. 야당이나
시민 운동 진영도 관심을 보이고 심지어 새누리당도 사회적 경제
관련 모임을 한다고 하는데, 어떻게 봐야 할지 모르겠어요.

A   새누리당이 좋아하는 대안은 절대로 노동자들을
위한 대안이 안 돼요. 그러니까 새누리당이 받는다고 하면
일단 그 안을 의심해야 해요. 보수당이 좋아하는 이유가 있
는 거죠.

현재 우리나라의 가장 큰 정치, 경제, 사회적 문제는 1997
년 외환 위기 이후 전면화된 신자유주의의 지배입니다. 부
실과 위기를 극복한다면서 IMF 구제 금융을 받고 신자유
주의 경제 정책을 수용했죠. 그러면서 한국 사회는 짧은 기
간에 신자유주의 체제로 전환됩니다. 돌이켜 생각하면 우
리나라의 구제 금융 협상은 구제 금융 역사상 보기 드문 굴
욕적인 협상이었죠. 통상 구제 금융은 부채 탕감을 받는 게

상례거든요. 채권자가 투자를 잘못해서 발생한 손실이니까 채권자에게도 손실 분담을 강제해야죠. 또 채권자가 이 손실 분담을 거부해서 구제 금융이 무산되면 채권자는 채권 전체를 회수할 수 없게 됩니다. 채권자로서는 채권 전체를 손실 처리하는 것보다는 구제 금융을 통해 채권의 일부라도 회수하는 게 낫습니다. 이렇게 부채 탕감은 구제 금융의 불가결한 구성 요소인데, 우리나라는 자랑스럽게도 땡전 한 푼 탕감받지 못했죠. 더군다나 재벌과 금융 기관의 사적 채무를 국가가, 당시 대통령인 김영삼과 여야 대통령 후보인 이회창, 김대중이 성실하게 전액 상환하겠다는 각서까지 써서 IMF에 상환을 보장합니다. 정부나 여야 정치인이나 재정부의 관료들까지 세계가 어떻게 돌아가는지 전혀 안목이 없었던 겁니다. 정말 수치스런 역사죠. 진보 좌파는 당시 IMF의 구제 금융과 신자유주의 정책에 반대해 투쟁했는데요, '구제 금융 안 받아서 경제 무너지면 어떻게 할 거냐'는 게 좌파에 돌아온 질문이었죠. 절대 그럴 리가 없었을 겁니다. IMF는 어떻게든 구제 금융을 제공해서 채권 은행들의 손실 부담을 적게 해야만 했거든요. 당시 한국 정부가 구제 금융에 반대했더라면 협상에서 유리한

지위를 점하고 부채 탕감 등 구제 금융의 조건도 훨씬 좋아졌을 겁니다. 결국 막대한 공적 자금 투입과 국민 부담으로 재벌 부실, 은행 부실들을 다 털어 내고 재벌과 금융 자본의 지배를 더욱 강화시켜 주었지요. 신자유주의 지배의 결과는 참혹합니다. 대중에게는 신자유주의가 성장의 둔화, 일자리 위협, 양극화, 차별화로 나타났지요. 이 체제하에서 살기 힘들어진다는 게 시간이 갈수록 명확해지고 거기에 2009년 위기까지 오고요. 오늘날 '헬조선'이라면서 사람들, 특히 청년 학생들이 살기 힘들다고 들끓는 현실은 이런 역사에서 비롯된 것입니다. 그러면서 분명해진 게 있죠. 이 체제를 전복해야 한다는 것 말입니다. 그러려면 재벌 지배, 금융 자본의 지배, 신자유주의 지배를 바꿔야 하는데, 이 시대적 과제를 외면하고 신자유주의를 바꾸는 대신 사회적 경제를 들고 나온 겁니다.

사회적 경제를 주장한다는 건 이 신자유주의 체제를 건드리지 않겠다는 거예요. 새누리당이 좋아할 수밖에 없지요. 그리고 이걸 주장하는 야당이나 시민 사회 단체들은 말로는 새로운 대안을 찾는다고 하지만, 실은 이 지배 질서와 야합하고자 합니다. 마치 사회적 경제가 신자유주의를 대체할 것처럼 말하는데 결코 그럴 수 없기 때문이죠. 사회적 경제는 신자유주의의 틈새에서 기생하면서 신자유주의를 유지하는 데 기여할 겁니다.

Q   사회적 경제는 정확히 어떤 경제를 말하는 건가요?

A   사회적 경제는 사회적 기업, 협동조합 등을 육성해서 재벌들의 지배 질서로부터 벗어나는 경제 영역을 만들어 대안 사회를 모색해 보자는 건데요, 이런 협동조합이나 사회적 기업은 기본적으로 재벌 기업들을 대체할 범주가 아니에요. 한국 사회를 지배하는 대규모 경제 단위를 내버려 두고 변두리 경제 부문을 형성해서 지배적인 경제 부문을 대체해 나갈 수는 없는 거죠.

사회적 경제라는 건 주요한 경제 부문이 아닙니다. 주요 경제 부문은 재벌 체제와 금융 부문 그리고 국가 부문이에요. 그리고 이 부문들을 대상으로 실행하는 지배적 경제 정책, 즉 신자유주의가 문제인 거죠. 이걸 바꿔야 하는데 별로 중요하지 않은 주변적 경제 부문을 끌고 들어와서 대안 논쟁을 이쪽으로 몰아가는 거예요. 사회적 경제의 길을 따라가면 대중의 삶은 신자유주의의 지배, 헬조선으로부터 결코 벗어날 수가 없습니다. 대중의 삶을 지배하는 건 재벌과 금융, 국가 부문 그리고 신자유주의 정책이기 때문이죠. 현 단계에서 정말 중요한 정책 논쟁이나 개혁 요구를 왜곡하고 신자유주의 지배 질서를 보완해 나가는 기능을 사회적 경제가 하는 겁니다.

Q   그런데 경제학에서도 '사회적 기업'이라는 말을 쓰나요? 원래 모든 기업은 사회적이지 않나요? 마치 사회적 기업이라는 게 따로 있는 것처럼 보이게 해서 기업을 사회적 역할로부터 안전하게 보호하는 것 같다는 느낌도 들고요. 다른 기업은 사회적 책무를 안 해도 되는 것처럼. 정말 기업이랑은 다른 사회적 기업이라는 게 있는 건지, 있다면 일반 기업이랑 뭐가 다른 건지 궁금해요.

A   오늘날 기업은 대개 주식회사 형태로 되어 있는데, 주식회사는 기본적으로 사회적 성격의 기업이죠. 개인 기업과는 달리 그 소유가 수많은 주주들로 이루어진 사회적 형태를 띠고 있습니다. 그런데 지분 소유 자체는 개인적 소

유입니다. 말하자면 개인적 소유에 입각한 사회적 소유 형태라 할 수 있죠. 그런 점에서 주식회사는 사회적 기업이라 할 수 있는데, 사회적 경제에서 말하는 '사회적 기업'은 그것과는 다른 의미예요. 주식회사는 이윤 배당에 기반한 기업이고 당연히 이윤 추구가 목적인 반면, 사회적 기업은 특별히 사회 취약 계층에 고용이나 서비스를 제공하는 등 이윤 추구가 일정하게 제한되어 있습니다. 말하자면 이윤을 추구하긴 하지만 여기에 사회적 책임이나 지역 사회에 대한 기여 또는 의사 결정의 민주적 구조 등을 결합한다는 거예요. 기업 형태는 협동조합이나 유한 회사 등 다양합니다. 이런 목적이나 조직 형태를 갖춰 사회적 기업으로 인증을 받으면 정부로부터 각종 지원과 세금 감면 등의 혜택을 받지요. 우리나라 대부분의 사회적 기업은 정부 지원을 통해 겨우 운영을 유지해 가는 걸로 알고 있습니다. 자본주의 시장 경제에서 이들 기업이 스스로 자립하기 어렵다는 걸 말해 주는 겁니다.

Q   예전에 협동조합이 한창 붐일 때 탐사 보도 프로그램에서 봤는데요, 한국은 동네에 있는 마트까지 다 대기업이 장악했

잖아요. 그런데 협동조합이 잘돼 있는 나라들은 대형 마트도 협동조합 형태로 운영된대요. 협동조합 마트에서는 주로 그 지역의 생산물을 판매해서 소비자들은 지역의 친환경 제품을 쉽게 구매하고 생산자들도 제값을 받고 판매한다고 하더라고요. 그런 걸 보면 대기업을 대체할 수 있는 것처럼 느껴지던데요.

A   그런 부문은 협동조합으로 대체할 수 있는 여지가 있을지 모르죠. 지역별 유통 업체라든지 지역별 기업 같은 것 말이죠. 문제는 그 영역이 부차적인 영역이라는 데 있어요. 지배적인 영역은 대은행과 대형 산업의 재벌들이에요. 동네에 있는 슈퍼마켓을 협동조합으로 바꾸면 재벌 기업체에 일부 타격은 있겠지만 지금의 재벌과 금융 자본이 지배하는 체제를 바꾸는 데 큰 기여를 할 수는 없다는 겁니다. 이 운동에 집중하면 오히려 기본적 지배 질서는 더 공고해지는 겁니다. 지배 질서와 싸우지 않는 거니까요. 사실 지금 사회적 기업이나 제3섹터 부문에 대한 육성 문제는, 반신자유주의 대안이 아니라 지난 금융 위기 이후 파국을 맞이한 신자유주의를 위한 대안이에요. 위기에 빠진 이 신자유주의 질서를 어떻게든 재편하고 유지시킬 필요가 있

는데, 이런 차원에서 보충물로 등장한 거죠. 세계은행 같은 데서도 전략적으로 모색하는 부분입니다. 신자유주의 지배가 온건해지는 형태의 대안 모색이라고 봐야 해요. 지배적 경제 부문을 바꾸지 못하면, 세계적 장기 불황에서 위협받는 노동자들의 생계, 일반 시민들의 고달픈 삶을 획기적으로 바꿀 수 없어요.

▍ 사회적 경제를 위해서라도 국가-재벌과 싸워야

Q **사회적 경제를 주장하는 사람들 중에 유독 운동권 출신들이 많은 것 같더라고요. 시민운동 출신인 박원순 서울시장도 마을 운동을 비롯해서 사회적 경제 영역을 전폭적으로 지원한다고 하고요.**

A 정치인들이야 시류에 따라 자기 권력을 추구하는 거죠. 사실 박원순 같은 사람은 신자유주의 지향성을 가진

인물인데 협동조합 운동, 사회적 기업 운동이 현 정세에서 자신과 딱 맞아떨어지는 겁니다. 또 이게 정치적 기반이 돼요. 지역마다 이를 풀뿌리 정치와 결합시켜서 온건한 신자유주의 운동의 부대들로 형성하는 거죠. 신자유주의 정치 기반을 확장하는 데는 기여하겠지만, 이른바 사회적 경제가 신자유주의의 대안이 되는 일은 절대 없을 겁니다.

Q   긍정적인 점은 하나도 없나요?

A   진보적 측면이 물론 있죠. 저는 협동조합 운동, 마을 운동에 반대하진 않아요. 자본주의 경제의 대안 부분이고 그 자체가 재벌이 지배하는 영역이나 자본주의 영역보다 진보적인 형태들이니까요. 그런데 그 양면성을 봐야 해요. 기본적인 규정성을 봐야 한다는 얘기죠.

협동조합 형태는 자본주의 기업과 다르게 조합원들이 출자를 해서 운영하니까 자본-임노동 관계가 지양돼요. 기본적으로 이윤을 추구하는 조직이 아니고 조합원의 이익을 위해서 상부상조하는 조직이거든요. 노동자들을 착취해서 이윤을 높이는 게 아니라 조합원들의 상부상조 활동에서 나온 결과들을 분배하는 거죠. 그런 면에서는 자본 관계가 지양된 형태예요.

하지만 자본주의하에서 협동조합도 시장 경제의 원리를 좇아 갈 수밖에 없다는 한계가 분명합니다. 조합원 전체의 이익이라 하더라도 시장 경제에서 수익 원리에 종속될 수밖에 없고, 그러다 보면 자본주의적 이윤 원리에 자꾸 오염될 수밖에 없어요. 그래서 협동조합 기업들이 발전하다 보면 이윤 원리를 따르는 기업과 특별히 다른 점이 없어져 논란이 생기는 겁니다. 농협이 대표적이잖아요. 자본을 지양하는 형태지만 이윤 원리가 지배하죠. 마르크스가 말한 바처럼 협동조합은 자본주의 틀 내에서의 자본의 지양인 거죠. 그래서 자본주의 경제의 규정성을 벗어날 수 없어요.

사회주의 사회로 가면 협동조합이 거꾸로 사회화된 형태의 주요 기업으로 자리를 잡거든요. 자본주의에서와 비교할 수 없이 거대한 협동조합으로 만들어지죠. 국가가 사회화 기관으로 육성하니까요. 그런데 그 협동조합도 사회주의 사회에서 양면성이 있어요. 자본 관계를 지양하고 사회주의 경제의 중요한 부분으로 자리를 잡지만 국영 기업과는 달라요. 국영 기업은 전체 인민의 기업이지, 자기 이익을 추구하는 조직이 아니잖아요. 반면 사회주의 사회에서라도 협동조합은 조합원의 이익, 공동의 이익을 반영하는 거니까, 여기는 자본주의적 협동조합의 유제들이 남아 있는 거죠. 전체 인민이 아니라 조합원들의 이익에 한정돼 있는 과도적 형태인 겁니다. 사회주의하에서 생산력이 발전하면 협동조합은 사회주의 국영 기업으로 발전합니다.

사회적 기업은 자본주의 사회에서 이윤 원리를 일부 제한하는데, 거기에 절대적인 의의를 부여하면 안 돼요. 오히려 이런 운동이 자본주의 경제의 주요 부문을 바꿔 나가야 할 과제를 밀어내면 결국 신자유주의 지배 질서를 바꿀 수 없는 결과를 가져오게 되죠.

Q 요즘 도시에서 전망을 못 찾는 청년들이 생태주의적 흐름과 결합해서 공동체 운동을 하거나 농사를 지으러 지역으로 내려가는 경우가 꽤 있는 것 같아요. 그런데 아무래도 농사지어서 먹고살기가 힘드니까 외부 지원금에 의존하거나 다시 서울로 올라오기도 해요. 그런 걸 보면 사람들이 자립하기 위해 사회적 경제를 만드는 것도 중요하지만 FTA를 막는 게 더 중요할 수도 있겠다는 생각이 들더라고요.

<u>A</u>   앞서 말한 바처럼 자본주의 사회에서 사회적 경제
는 생존 자체가 어려워요. 자본주의의 중심은 전부 재벌이
지배하는 경제이기 때문에 재벌의 수탈로부터 벗어나기가
쉽지 않거든요. 존립이 어려우니까 국가 지원에 기댈 수밖
에 없어요. 그래서 실제로 사회적 기업 태반이 국가 지원에
연명해 나가는 수준밖에 안 됩니다. 국가 지원이 끊기면 다
쓰러지는 거죠. 이런 사실이 국가와 재벌, 금융 부문이 중
요하다는 걸 보여 주기도 하고요. 이 부문을 획기적으로 장
악하지 않으면 사회적 경제도 생존을 보장하기 어려운 거
죠. 그 말은 이 부문을 국가가 장악하면 협동조합도 획기적
으로 강화될 수 있다는 얘기예요. 국가가 사회주의적 대형
국영 기업으로 조직할 수 없는 부문을 사회주의 사회를 건
설하기 위한 과도기적 형태로서 협동조합으로 묶는 거거
든요. 묶으면 커지게 되고 국가의 지원 속에서 존재 형태도
아주 안정화되지요. 그러니까 이게 필요하다면 국가와 싸
워야 한다는 얘기예요. 국가, 재벌과의 싸움 속에서 사회적
경제 영역도 확장할 수 있는 건데, 이 싸움을 팽개치고 사
회적 경제가 대안이라며 이 운동에 집중하는 건 비판받아
야 합니다.

사회적 경제란?

; 사회적 기업, 협동조합 등을 육성해서 재벌들의 지배 질서로부터 벗어나는 대안 사회를 모색해 보자는 것.

사회적 경제가 재벌 기업을 대체할 수 있나? 또는 신자유주의나 자본주의의 대안이 될 수 있을까?

; 없다. 사회적 기업 등은 부차적 영역에서만 생존 가능하다. 지금의 재벌과 금융 자본이 지배하는 신자유주 체제는 바뀌지 않는다. 신자유주의의 보충물일 뿐이므로 오히려 지배 질서가 더 공고해질 것이고 세계적 장기 불황에서 위협받는 노동자들의 생계, 일반 시민들의 고달픈 삶을 획기적으로 바꿀 수 없다.

사회적 경제는 어떤 긍정성도 없는가?

; 자본 관계가 지양된 형태로서 진보적 의미가 있다. 하지만 자본주의하에서 협동조합도 시장 경제의 수익 원리에 종속될 수밖에 없고, 그러다 보면 자본주의적 이윤 원리에 자꾸 오염될 수밖에 없다.

202

기본소득,
참 받고 싶은데요

자본주의 원리상
불가능한 대안

Q   요즘 기본소득에 대한 논의가 활발하잖아요. 스위스에서 기본소득 도입을 놓고 국민 투표를 시행해서 화제가 되기도 했고요. 기본소득에 대해서는 어떻게 생각하세요?

A   다른 좌파들의 비판 지점도 비슷한데요, 기본적으로 너무 허무맹랑한 요구라고 생각합니다. 유토피아 같은 세계가 열리는 마르크스의 공산주의 사회에서도 모든 사람에게 아무런 조건 없이 기본소득을 주자는 주장은 안 해요. 자본주의 사회에서는 자기 임금을 위해서 노동하는데, 공산주의 사회에서는 노동 속에서 기본적인 욕구를 충족시키거든요. 거기서는 사람들이 자기 능력껏 일해요. 그리고 필요한 건 사회로부터 다 받거든요. 기본소득이 들어갈 자리가 없죠. 자본주의로부터 공산주의로의 이행이란 게 관념적이거나 주관적인 게 아니라 현실의 물질적 토대를 갖는 겁니다. 미래 사회의 요소들이 자본주의 내에서 이

미 생겨나고 이를 토대로 이행을 준비하고 또 공산주의로의 실제적 이행 속에서 이들 요소의 자본주의적, 시장 경제적 성격이 떨어져 나가면 공산주의 요소로 전화되는 거거든요. 기본소득은 현실 자본주의하에서 물질적 토대가 없고요, 따라서 공산주의로의 이행 속에서 어떤 역할도 할 수 없습니다. 당연히 공산주의 사회의 요소도 될 수 없죠. 그런데 자본주의 사회에서 기본소득을 달라 하니까 허무맹랑한 주장이라는 거예요. 이런 주장도 진보 좌파 내에서 제기됐으니 좌파들 간에 입장이 갈린다고 할 수 있는데요, 이런 주장이 확산될수록 좌파 운동은 그만큼 망하는 거고 새로운 사회로의 이행은 더 멀어질 겁니다.

Q **좌파들은 비판한다지만, 전 기본소득이 너무 받고 싶어요.**

A 남녀노소 불문하고 모두에게 기본소득을 주려면 소득의 원천이 있어야 하는데, 그건 노동자들의 노동을 통해 창출되는 거예요. 자본주의 경제에서 그렇게 성과 보상 없이 소득을 주려면 전제로서 자본주의의 재생산을 유지해야 합니다. 그런데 기본소득이라는 건 이런 전제와 충돌해

요. 모든 사람이 노동하지 않아도 먹고살 수 있게 충분한 정도의 기본소득을 준다면, 자본주의하에서는 아무도 노동을 안 할 거예요. 공산주의하에서는 필요한 걸 모두 사회로부터 받을 수 있지만, 공산주의적 인간은 노동 자체가 자신을 실현하는 생활상의 기본 욕구고 사회적으로 각자의 노동이 필요하다는 것도 이해하기 때문에 자발적으로 노동을 합니다. 하지만 자본주의 사회에서 노동은 착취를 의미하니까 소외와 고통이거든요. 노동을 안 하죠. 그럼 소득이 창출되지 않아요. 자본주의 재생산은 불가능하고 무너져 버려요. 사람들이 노동을 안 하고 부가 가치 생산을 안 해서 GDP 창출이 없는데 어떻게 기본소득을 받겠습니까? 모두가 무소득에 거덜 나는 거죠. 그래서 노동을 하든 말든 관계없이 누구에게나 기본소득을 주자는 주장은 공상과 몽상의 발로일 뿐입니다. 기본소득의 금액이 높아질수록 그것이 실현될 현실적 토대가 점점 더 무너지기 때문이죠. 이 운동은 근본적으로 자본주의 경제 질서 내에서 발전하고 성공하기 어렵습니다. 앞서 설명한 것처럼 물질적 토대가 없거든요. 자본주의 기본 경제 원리와 연관되는 겁니다. 때마침 기본소득론자들이 기대했던 스위스의 기본소득 국민 투표도 압도적인 표차로 거부되었더군요. 국민들 요구가 높아져서 정말 줘야 하는 상황이 되면 쥐꼬리만큼 주겠죠. 기껏해야 노동력 재생산 비용의 일부를 충당할 정도로.

합리적 요구는 사회 보장 강화

Q   **그래도 실직하거나 고용이 불안정할 때 최저 생활이 가능할 정도의 소득은 받을 수 있지 않을까요? 저에게 기본소득을 준다면 낮은 임금을 그걸로 충당하면서 걱정 없이 살 것 같아요.**

A   노동자들의 노동력 재생산 수준을 충족시킬 정도로 기본소득을 준다면 자본주의 사회가 운영이 안돼요. 그래서 설사 준다고 하더라도 아주 적게 줄 수밖에 없다는 거예요. 그러니까 원리상 가능한 대안이 아니라는 거죠. 노동자들의 재생산 유지를 위해서 임금으로 충당되지 않는 부분은 국가를 통해서 보충해야 해요. 기본소득도 국가를 통해

서 준다고 하지만, 이건 실현될 수 없는 몽상이죠. 현대 자본주의의 실제적 관계에서 제기되는 요구는 국가를 통한 사회 보장 정책의 강화입니다. 이건 객관적인 토대가 있어요. 자본주의의 생산력이 높은 수준으로 발전하면서 재생산과 위기관리를 해야 하니까 재생산 과정에 국가가 전면적으로 들어와 있거든요. 그중 하나가 노동력의 재생산이에요.

과거 19세기에는 노동력을 일반 노동자 가계가 책임졌어요. 자식 낳고 키우다가 공장에 보내고, 노동 시장에서 자본가들하고 직접 임금 결정을 했죠. 그런데 오늘날은 노동력 재생산이 그렇게 안 되거든요. 현대의 고도화된 기술 체계에 맞는 노동자를 생산하려면 어려서부터 고등 교육에 이르는 국가의 교육 체계가 필요해요. 이 과제를 자본가들에게 위임할 순 없어요. 자본가들이 자기 비용으로 노동자들의 자식을 교육시켜 줍니까? 그러니까 국가가 고등 교육 체계까지 갖추고 관리하는 거예요. 국가가 전체 자본가의 이익을 대변해 주는 거죠. 고용 보험 같은 것도 마찬가지예요. 국가가 이렇게 교육 과정에 투자한 덕에 노동자들이 현대 생산력을 떠맡을 수 있는 노동자로 성장했는데 산업 부문의 구조조정이다, 위기다 해서 실업으로 노동력이 파괴되면 안 되잖아요. 그러니까 국가가 이 부분을 체계적으로 관리하는 거예요. 고용 보험을 만들어서 실업 보험금 지급하고 노동자 재교육 프로그램 만들고 일자리 알선해 주고, 이런 게 다 노동력을 재생산하기 위한 체계들입니다. 여타의 사회 보장도 마찬가지예요. 노후 보장도 노동자 계급의 세대 재생산을 위해 필요한 거죠. 그래서 국가가 전면적으로 사회 보장 체계를 갖추게 된 겁니다. 이게 20세기 자본주의가 독점 자본주의, 나아가 국가 독점 자본주의로 발전하면서 나타난 자본주의의 하나의 변화입니다. 이게 현실의 객관적 관계에요. 이 관계에서 발전하는 불가피한 요구를 제기해야 노동자 계급이 그 요구를 현실화할 수 있는 겁니다. 여기서 할 수 있는 요구는 사회 보장의 확대입니다. 그러니까 기본소득을 달라고 하지 말고 국가가 책임지고 고소득자, 대자산가, 재벌들 세금 높여서 사회 보장 수준을 획기적으로 높이라고 해야죠. 무상 교육, 무상 의료 실시하고 국민연금 강화시켜 달라, 기초 연금 인상해라, 전·월세 규제 입법해서 주거 문제 해결하라고요. 이런 요구는 합당한 요구고 실현될 수 있는 요구예요. 기본소득 주장은 이런 현실적 기반이 없는 구름 위에서 뛰는 것 같은 주장이죠.

이런 논리적 비약이 생기는 이유는 기본소득론자들에게 독점과 국가 독점에 관한 이론적 분석이 없기 때문이에요. 현대 자본주의의 변화된 조건, 즉 독점 지배하에서 국가가 불가피하게 개입해야 하는 역사적 필연성에 대한 이해가 없어요. 국가 독점 자본주의론이 그 이론적 기반을 제공하죠. 기본소득보다 사회 보장의 요구를 강화하라는 게 객관적이고 합리적이고 실현 가능한 요구예요. 국가 독점 자본주의론의 이론적 의의가 심대한 거죠. 제가 계속 국가 독점 자본주의론을 주장하는 이유도 국가 독점 자본주의론이 이런 식의 자본주의 변화와, 그에 따른 개혁과 이행의 요구를 이론적으로 포착하기 때문입니다.

Q **그럼 정치적 요구가 커져서 기본소득이 실현되면 거꾸로 사회 보장 제도가 위축될 수도 있나요?**

A 그건 기본소득 주장하는 분들한테 물어봐야죠. 그런데 이분들한테 기본소득과 보육 수당, 주택 수당, 기초 연금, 무상 등록금이 어떻게 연관되냐고 물으면, 그게 다

기본소득의 형태라고 해요. 말도 안 되는 소리죠. 기본소득하고 사회 보장 요구는 전혀 다른 얘기예요. 이론적으로 문제가 아주 심각합니다. 기본소득론자들은 현대 사회에서의 국가 독점 자본의 지배를 전혀 이해하지 못하고 있어요. 이 사람들은 오늘날 현대 자본주의가 노동자들과 자본가들로 구성돼 있고, 자본가들이 균등하게 경쟁하는 세계라고 생각해요. 자본가들이 경쟁을 통해서 균등하게 평균 이윤율을 갖는다는 거죠. 그래서 비용에 평균 이윤을 합한 생산 가격의 법칙이 지금도 유효하다고 하죠. '이윤율의 경향적 저하 법칙'을 말할 때 마르크스가 말한 이윤율이란 이렇게 '균등화된 이윤율'을 말해요. 사회 전체적으로 자본가들이 경쟁해서 이윤율이 더 높은 데가 있다면 자본가들이 그쪽으로 몰려간다는 거거든요. 그 시장의 상품 가격을 떨어뜨려서 이윤율을 균등화하는 거죠. 그러면 사회 전체적으로 모든 자본가들을 지배하는 평균 이윤율이 만들어져요. 이 평균 이윤율이, 생산력이 발전하면서 저하한다는 얘기입니다. 자본주의를 지배하는 평균 이윤율이 떨어지니까 모든 자본가들에게 위기가 된다는 얘기거든요.

그런데 오늘날의 자본주의 세계를 평균 이윤율이 지배하

느냐 하면 그렇지 않습니다. 독점 이윤율과 독점 가격의 법칙이 지배하죠. 오늘날의 자본주의 질서는 자본가 계급에 의한 노동자 계급의 착취에 기반하면서도 총자본의 내적 구조가 변화되었죠. 한쪽에서 독과점이 지배하고 다른 한쪽에서 중소기업들이 독과점에 수탈당하는 체제입니다. 또 이에 따라 노동 시장도 분단돼 있어요. 재벌 대기업들의 정규직 노동자와 중소기업의 노동자, 비정규직 노동자로 분할돼 있죠. 이 관계가 구조화돼 있어서 중소기업의 노동자들은 임금이 적다고 해서 재벌 기업으로 일자리를 바꾸지 못해요. 또 재벌 기업은 이윤율이 높고 수탈당하는 중소기업들은 이윤율이 낮아요. 그렇다고 중소기업들이 재벌 기업 부문으로 자본을 이동시킬 수 있느냐? 자본도 부족하고 진입 장벽이 있어서 불가능해요. 구조적인 자본의 격차 때문에 재벌 지배 체제, 그리고 그것으로 인한 중소기업의 수탈 문제, 노동자들의 차별 문제가 생기는 겁니다. 이런 사회를 개혁, 변혁하려면 재벌 문제를 인식해야 하거든요. 재벌 문제를 인식하려면 독점 자본의 문제를 이해해야 해요. 그래서 독점 자본주의론, 국가 독점 자본주의론의 관점에서만 재벌 지배 체제를 개혁, 청산하는 길을 찾을 수 있습니다.

그런데 한국의 마르크스주의자들은 대개 독점 자본주의론을 거부합니다. 그러다 보니 재벌과 협력 업체들의 경쟁력이 똑같다고 주장합니다. 모두 평균 이윤율을 획득한다는 거죠. 이 말은 재벌에 의한 수탈도 없다는 얘기예요. 그러면서 재벌 개혁을 얘기하거든요. 앞뒤가 안 맞는 소리죠. '재벌이나 중소기업이나 다 똑같다, 자본의 지배가 문제다'라면서 재벌 개혁 얘기를 아예 안 하는 사람도 있고요. 이 사람들은 재벌 경제의 지배라는 부정할 수 없는 현실을 부정하는 겁니다. 재벌의 지배를 주장하는 사람들도 사실 재벌 지배의 핵심이 뭔지 모릅니다. 핵심이 독점 이윤의 문제인데 이 사람들 이론 체계에는 이를 분석할 이론이 없거든요. 대표적으로 우리나라 재벌 개혁 연구자 중에 홍장표 부경대 교수가 오래 전에 이런 얘기를 했죠. 자동차 산업 실증 분석을 해 보니까 재벌 기업이나 협력 업체나 하청 업체나 이윤율이 동일하다고요. 그럼 재벌 개혁을 주장하면 안 되죠. 모두 평균 이윤율을 얻는 동등한 자본인데, 재벌도 없는데 재벌 개혁을 왜 요구해요. 이렇게 자가당착적인 사람들이 재벌 개혁을 분석한다고 해요. 기본소득을 요구하는 논자들도 같은 맥락이죠. 독점 자본과 국가 개입주의에 대한 이론이 완전히 결여돼 있어요. 현대 자본주의에서 노동력의 재생산에서 비롯되는 문제, 즉 국가의 사회 보장 정책을 분석할 수 없으니까 그 이론적 공백을 메우려고 기본소득이라는 엉뚱한 주장을 하는 거죠.

Q   알파고와 같은 인공 지능의 발전과 이른바 IT 혁명 등으로 노동자들의 일자리가 위협받고 있잖아요. 이런 문제의식 아래서 기본소득이라도 주어야 한다는 주장도 있는데요.

A   기계화, 자동화에 의한 일자리 감소 문제는 앞 장에서 한번 다루었죠. 자본주의에서의 생산력 발전이 가져오는 모순적인 결과는 이윤율의 경향적 저하 법칙에서 표현된다고 했습니다. 또 노동자들에게는 상대적 과잉 인구를 가져온다고 했죠. 상황이 이렇게 되면 자본도 위기, 노동도 위기, 자본주의 자체가 위기에 빠지고, 자본주의의 확대 재생산이 위협을 받게 됩니다. 기본소득이 이런 상황에 대한 대안이 될 수가 없죠. 기본소득이란 게 하늘에서 떨어지는 공짜가 아니거든요. 기본소득을 주려면 한 사회가 부가 가

치를 생산해야 하는데 자본주의의 확대 재생산이 어렵게 되면 부가 가치의 증대 자체가 어렵거든요. 그럼 기본소득도 줄 수가 없죠. 이런 상황이면 물론 기존의 사회 보장도 유지하기가 어렵습니다. 대안은 사회화뿐입니다. 사적 이윤의 지배를 받는 재벌 기업과 대형 은행을 사회화해서 이윤을 목적으로 기업을 운영하지 않게 되면, 이윤이 낮더라도 투자를 확대하고 경제 성장과 일자리 확대를 도모할 수 있습니다. 알파고의 시대에는 사회화가 더욱 더 현실적인 요구로 부각될 수밖에 없을 겁니다.

복지 국가를
피해 갈 수는 없다

Q   기본소득이나 사회적 경제를 육성하자는 주장보다 제대로 된 복지 체제를 만들라는 주장이 더 의미 있다는 말씀이잖아요. 그런데 좌파들은 복지 국가론도 비판하지 않나요?

A   좌파에서 비판하는 건 복지 국가 자체가 목적이 되는 경우예요. 정의당 같은 데는 좌파 강령을 폐기했거든요. 복지 국가를 넘어서 사회주의 사회로 가는 길엔 관심이 없는 거예요. 영미권 마르크스주의자 중에서 복지 국가를 비판하는 논자들이 나오는 건 그런 맥락입니다. 그 비판 자체는 틀린 게 없어요. 문제는 오늘날 자본주의 국가와 싸워 사회주의 사회로 넘어갈 때 복지 국가를 둘러싼 논쟁을 피해 갈 수는 없다는 겁니다. 다시 말해 복지 국가는 자본주의 지배 체제라며 좌파가 복지 국가를 둘러싼 정치적 논쟁을 폄하하고 사회주의 투쟁만을 내세울 수는 없다는 말입니다. 사회 보장 체계를 확장하느냐 축소하느냐가 케인스주의 대 신자유주의의 싸움이거든요. 좌파들은 이런 싸움 속에서 복지 국가를 강화시키고 확장시켜 나가면서 자본주의 사회 내 복지 국가의 한계와 모순들을 폭로하고 보다 더 높은 사회화로 이를 해결해 나가자고 주장해야죠. 재벌과 금융 부문까지 사회화하면 복지 체계가 보다 더 완전하게 높아지거든요. 사회주의 복지 체계로 가는 거죠.

Q   **한국 좌파들은 케인스도 싫어하던데요. 어떨 때는 자본**

가나 재벌보다 케인스와 싸우는 게 더 중요한 문제인 것처럼 보여요.

A   마르크스주의 좌파도 크게 영미권 좌파와 정통 좌파 두 부류로 나뉘어요. 영미권 좌파들은 복지 국가의 진정한 쟁점인 국가 개입주의의 문제를 이론적으로 분석하지 못하기 때문에 날선 비판을 하지만 현실적 대응책은 완전히 결여돼 있어요. 정통 좌파들도 케인스주의를 비판하지만 케인스주의로 표현되는 쟁점들을 피해 가지 않아요. 복지 국가를 둘러싼 논쟁에 개입해서 복지 국가 확장을 요구합니다. 물론 복지 국가를 넘어 사회화와 사회주의로의 이행을 요구하고요. 오늘날은 영미권 마르크스주의자들도 많이들 마르크스주의로부터 이탈해서 케인스주의나 복지 국가로 치우쳐 있긴 합니다만, 영미권의 자칭 원칙적이고 어설픈 마르크스주의자들이 국가주의를 둘러싼 논쟁에서 정통파를 개량주의라고 공격하면서 폄하하는 거죠.

한국 좌파 사회 단체들도 국가 독점 자본주의론의 이런 문제점들을 제대로 인식하지 못하고 있어요. 강단에 비하면 사회 단체에는 그래도 국가 독점 자본주의론이 상당히 포

진해 있는데, 이 쟁점에 대해서 너무 좌편향적인 생각을 갖고 있어요. 대표적으로 노동사회과학연구소도 국가 독점 자본주의론에 기반하고 있거든요. 그런데도 정책적, 실천적 쟁점을 보면 국가의 사회 보장 정책을 둘러싼 논쟁을 좀 무시하거나 폄하해요. 이 사람들 관점에서 국가 개입주의는 개량이자 기만이고 사회주의로 뒤집어엎는 것만 중요한데, 실제로는 그렇지 않아요. 오늘날의 자본주의하에서는 국가를 통한 구체적 개혁과 싸우면서 이 속에서 사회를 변혁시키는 길을 찾아야지 이걸 건너뛰고 변혁할 수 있는 길은 없거든요. 게다가 세계적으로 사회주의 운동이 퇴조한 상태에서 사회주의적 요구를 전면적으로 내걸 수 있는 계급적, 정치적 기반도 약하기 때문에 더더욱 그렇습니다. 이런 이론적 문제들을 해결하지 않으면 한국 좌파가 발전할 수 없어요.

기본소득은 실현 가능한가?

; 자본주의 원리상 불가능하다. 사회주의 사회와 다르게 자본주의하 노동은 소외와 고통을 의미한다. 그래서 노동하지 않아도 먹고살 수 있는 충분한 기본소득을 모든 사람에게 준다면, 아무도 노동하지 않게 된다. 결국 부가 가치 생산이 안 되니 기본소득 받는 건 불가능해진다. 줘 봐야 쥐꼬리만큼도 안 될 것이다.

기본소득이 저임금을 보충하는 대안은 되지 않을까?

; 노동력 재생산 유지를 위해 임금으로 충당되지 않는 부분은 국가가 해결해야 한다. 자본주의 원리상 불가능한 기본소득을 달라할 게 아니라, 재벌들 세금 높여서 사회 보장 수준을 획기적으로 강화하라는 게 합리적 요구다.

자본주의가 좋냐?

: 공황론 ①

공황은 과잉 자본의 표출이자
과잉 자본의 정리 과정

Q   경제 침체가 장기화되면서 공황에 대한 이야기도 많아지
는 것 같아요. 1930년대를 봐도 그렇고 공황이 오면 자본주의가
심각한 위기를 겪는 것 같던데 '공황'이란 게 뭔가요?

A   자본주의 체제가 확립된 게 1820년대예요. 그러니
까 자본주의가 확립되자마자 자본주의의 모순이 주기적
공황으로 나타난 거죠. 최초의 공황이 1825년 영국 공황인
데, 이미 산업 혁명이 완성돼서 자본주의 체제가 확립된 시
기예요. 공황이 처음에는 사람들에게 이해할 수 없는 공포
로 다가왔어요. 호황으로 잘나가던 경제가 갑자기 기업 및
은행의 도산과 노동자들의 대량 실업으로 마비되니까요.
대개 주기적 공황은 금융 공황을 동반합니다. 신용이 경색
되고 은행이 도산하죠. 주식 시장도 폭락하고 투자자들이
공포에 사로잡힙니다. 그래서 '공황'이라는 말도 나온 거
고요. 경제학적으로 표현하면 '위기(crisis)'입니다. 자본주

의의 위기인데, 특별히 주기적 과잉 생산 위기에 대해서는 '공황(panic)'으로 표현하는 게 일반화된 거죠.

사람들은 처음 공황이 왔을 때 자본주의 체제가 끝났다고 생각했어요. 그런데 그렇지 않고 공황과 불황 국면을 거치면서 과잉 생산되고 과잉 투자됐던 상품과 자본이 정리됩니다. 가격이 폭락하고 기업과 은행이 도산하고 노동자들이 실업으로 몰리는 게 다 과잉 자본을 청산하는 과정이에요. 공황은 호황의 모순이 폭발한 것이면서, 이 모순을 정리하는 기능을 갖고 있어요. 공황에 이중적인 측면이 있는 거예요. 그래서 사람들이 끝장이라고 생각하는 와중에 경제는 회복되고 다시 호황으로 치닫게 돼요. 경기 순환, 산업 순환의 형태로 이게 반복됩니다. 대체로 7년 내지 11년 주기로 반복해요. 공황이 끝장이 아니라는 걸 경험으로 알게 되었죠. 그런데도 사람들은 망각증이 심합니다. 호황이 오면 이 호황이 계속될 거라고 생각해서 투자에 열광해요. 산업 자본가들뿐 아니라 금융 투자자들도 호황기 막판에 주가 상승을 기대하면서 막 투자를 한다고요. 그럼 영락없이 그 다음에 공황이 오는 거죠. 1825년부터 200년에 가까운 자본주의의 역사 속에서 주기적 공황은 거의 예외 없이 반복되고 있어요.

Q   그러면 불황과 공황은 같은 말인가요?

A   아니요. 경기 순환은 네 개의 국면으로 이루어져요. 공황, 불황, 경기 회복, 호황. 공황은 급격하게 경제가 추락하는 국면입니다. 금융 시장과 실물 부문의 급격한 추락에 이어지는 국면이 불황 국면이에요. 불황 국면도 추락하는 경제는 마찬가진데 이 국면에서는 추락하는 속도가 완만하죠. 급한 상황은 지나갔지만 아직도 청산 과정이 미진해서 여전히 과잉 자본을 정리하는 시기입니다. 이 두 국면에서는 GDP가 마이너스 성장을 해요. 이 국면을 끝내면 경제는 경기 회복 국면에 들어섭니다. 그래서 이전 순환에서 공황으로 추락하기 전 호황 국면에서의 고점을 회복하면 회복 국면이 끝나는 거예요. 이걸 넘어가면 호황 국면에 들어서는 겁니다.

불황과 공황은 양상이 많이 다릅니다. 공황 국면에서는 상품 판매가 안 되고 기업들의 재정 상황이 어려워지니까 자금 수요가 높아지면서 이자율이 피크로 올라서요. 화폐가

귀해지는 시기거든요. 회사채, 어음 같은 걸 상환하려면 화폐가 있어야 하잖아요. 근데 상품이 안 팔리고 자금 회전이 안 되니까 화폐 수요는 급등하고 패닉 같은 상황이 벌어지는 거예요. 신용이 경색되고, 자금 사정이 안 좋은 기업들은 도산하는 거죠. 은행도 대출 자본을 회수하고 있어서 더 그렇죠. 부실 대출을 안고 있는 금융 기관도 도산을 하고요. 근데 불황 국면은 이런 급박한 국면은 지나갔는데 여전히 사회에 과잉 자본이 남아 있는 시기예요. 계속 과잉 자본의 청산 작업이 있어야 하지만, 급한 상황은 지나갔기 때문에 완만한 방식으로 진행되는 거예요. 공황 국면에서 폭락하던 주가도 불황 국면에서 바닥을 치고 회복 국면으로 넘어가기 전에 이미 반등하기 시작합니다. 공황 국면에 최고로 높던 이자율은 불황 국면에서는 바닥으로 가요. 과잉 자본 청산이 상당 정도 이루어짐에 따라 급박한 자금 수요가 진정되고 자본가들은 투자를 안 하니까 그렇게 높았던 이자율이 떨어지는 거죠. 실업률은 불황 국면에서 계속 높아져서 오히려 공황 국면에서보다도 더 높습니다.

Q   공황 중에서도 1929년에 시작된 공황을 '대공황'이라고

하잖아요. 어느 정도였을지 상상이 잘 안 가요.

A   자본주의 역사에서 이런 공황은 없었습니다. 유례가 없는 공황이에요. 보통 공황이 일어나면 불황 국면을 거쳐서 다시 경제가 회복되거든요. 그 기간이 짧으면 1년도 안 되고 길어도 2년을 넘지 않아요. 경기 순환의 한 사이클이 10년 정도니까 나머지 7~8년은 경기 회복과 호황 국면인 거죠. 자본주의가 기본적으로 이 성장 국면이 더 강한 거예요. 그러니까 10년 평균을 보면 자본주의 경제는 성장하는 거죠. 그런데 1930년대 세계 대공황 때 미국은 공황과 불황 국면이 4년을 갔어요. 실질 GDP 마이너스 성장도 유례가 없었어요. 어떤 해는 -13%, 어떤 해는 -8% 성장을 했거든요. 이게 말이 안 되는 수치예요. 지난 세계 금융위기 때도 2009년 미국 실질 GDP는 -3.5%였거든요. 그러니까 -13%는 상상을 초월하는 거죠. 당시 미국 최고 실업률이 공식적으로 25%였으니까 불안정 취업자들을 합치면 50%가 넘었다고 봐야 해요. 인구 절반이 실업과 빈곤에 시달린 시기입니다. 지난 금융 위기 때 미국 최고 실업률이 2009년 10% 정도였죠.

그 당시에 미국 정부가 뒤늦게 뉴딜 법령을 도입하고 확장 정책을 시행하고 있었는데요, 보통은 경기가 공황 전의 상태를 회복해서 호황으로 가잖아요. 그런데 대공황 때는 이전 호황의 고점도 되돌아가지 못한 상태에서 1937년에 또 공황이 옵니다. 자본주의 국가가 경제 개입과 확장 정책으로 할 수 있는 걸 다 했는데도 결국 경제는 회복이 안 됐어요. 과잉 상품과 과잉 자본이 청산되지 않았다는 거죠. 당시 과잉 생산을 조절하기 위해 과잉 생산물을 폐기 처분해요. 농산물을 태평양에 갖다 버리고 가축을 다 도축하고 그랬어요. 문제는 그렇게 극단적인 방식으로 처리하는데도 과잉 생산 문제가 해결이 안 됐다는 거예요.

이런 배경 하에서 유럽에 파시즘이 등장합니다. 당시에는 독일도 나치 체제로 들어가면서 전체 경제에 대한 통제 체제를 갖추거든요. 아주 반동적인 형태의 국가 개입주의죠. 그런 속에서 경제를 다시 회복해 나가는데 1937년 세계 공황이 또 오니까 탈출구가 없는 거예요. 그래서 군수 생산을 확장하고 전쟁을 통해 위기를 전가하는 방식으로 해결해 나가요. 공황이 오면 세계 전쟁이 꼭 일어난다기보다 당시 유럽의 정치적 정세가 세계 전쟁의 조건들을 만들었다는 거죠. 결국 전쟁을 일으켜 물리적으로 과잉 자본을 청산해요. 자국과 점령국의 노동자들을 착취하고 세계적으로 산업 시설을 파괴하면서 전쟁 기간 동안 과잉 자본을 청산하고 이윤율 조건을 개선시킵니다. 이게 제2차 세계 대전 이후에 케인스주의가 자리 잡을 수 있는 조건이 됩니다. 1930년대에는 루즈벨트가 뉴딜을 도입해도 케인스주의 정책이 효과를 보지 못했거든요. 이런 과잉 자본 청산 과정을 통해서 경제 회복의 조건이 다시 갖춰지고 난 다음에야 비로소 케인스주의 정책 효과들이 작용할 수 있었던 거죠.

그런데 케인스주의라는 것도 양날의 칼이에요. 한쪽에서는 공황을 완화시키고 경제를 조절하는 측면이 있는데, 다른 한편에서는 자본주의의 모순을 심화시키는 측면도 갖고 있죠. 공황이 왔을 때 과잉 자본을 청산해야만 자본주의 경제가 다시 회복력을 갖는데, 국가 개입주의는 공황의 청산 기능을 저지하고 왜곡하거든요. 공황 때마다 국가가 들어와서 죽어야 할 과잉 자본을 살려 주는 거예요. 그러다 보니까 케인스주의하에서 장기 성장 기간 동안 과잉 자본이 계속 누적됩니다. 그러면서 재정 투입을 계속하니까 인플레가 일어나요. 당연히 달러 가치는 하락하죠. 그것이 결국 1970년대에 스태그플레이션으로 폭발합니다. 케인스주의 체제도 위기관리의 실패로 어떻게 하지 못하는 상태에 빠지는 거죠. 케인스주의는 파산합니다.

세계 대공황은 역사상 유례가 없는 끔찍한 공황이었어요. 자본주의 체제가 존립의 위기에 처했죠. 이 공황이 두 가지 점에서 특별한데, 하나는 주기적 공황으로서도 유례없는 공황이었다는 점이고, 또 하나는 이 시기 구조 위기를 인도하는 공황이었다는 거예요. 이 공황이 국가 개입주의, 케인스주의를 연 공황이거든요. 위기를 극복하기 위해서는 국가의 경제 조절이라는 게 불가피하게 됩니다. 그러니까 세계 대공황은 자본주의의 새로운 체제 재편과 단계 이행을 가져온 공황이에요. 이렇게 대공황이라는 말에 구조 위기라는 의미가 들어 있어요.

Q   그럼 공황으로 자본주의가 망하는 건가요?

A   앞서 말한 바처럼 공황이 과잉 상품과 과잉 자본을 전부 정리하고 이윤 조건을 다시 회복시켜 주기 때문에 자본주의는 공황 자체로 망하지는 않아요. 공황을 통해서 과

잉 상품, 과잉 자본이 청산되면 해당 자본가들은 막대한 손실을 떠안지만, 경쟁에서 버텨 살아남은 자본가들에게 는 새로운 이윤 증식 조건이 형성되는 거예요. 경쟁하던 자본이 쓰러지고 노동자들은 실직해서 임금이 떨어지고, 자본 투자가 안 되니까 이자율은 바닥으로 떨어지고…. 이런 게 전부 자본가들의 새로운 이윤 조건을 창출하는 데 기여하죠.

그래서 불황이 어느 정도 진정되면 자본가들이 조금씩 생산과 투자를 확장합니다. 처음에는 가동률을 높이다가 갱신 투자를 해요. 갱신 투자라는 건 마모된 설비를 새로운 설비로 교체하는 거예요. 갱신 투자가 되면 투자 수요가 확대되면서 경기가 좋아지는 거죠. 노동자들을 다시 고용해서 노동자들 소득이 증대하면 그게 소비 수요를 다시 확대합니다. 그러면 소비재 부문과 생산재 부문이 상호 수요를 만들어 나가죠. 이런 과정이 더 진행되면 이윤 조건이 좋아지니까 자본가들이 대담하게 확대 투자로 돌려요. 단순히 기존 설비만 교체하는 게 아니라 신규 투자를 막 하는 거죠. 그럼 본격적으로 호황 국면이 전개되는 겁니다. 자본가들이 너도나도 투자하기 시작하고, 그게 다시 과잉 생산을 불러일으키는 거죠. 또 과잉 투자 때문에 공황이 발생하는 겁니다.

살 돈은 없는데
상품은 넘쳐 난다

<u>Q</u>　　**주류 경제학에서는 공황을 어떻게 설명해요?**

<u>A</u>　　주류 경제학에는 공황이나 호황 현상을 내재적으로 설명하는 이론이 없어요. 주류 경제학의 정통파인 신고전파 경제학은 수요-공급의 힘, 즉 가격 기구가 작동해서 자본주의 시장 경제의 불균형이 끊임없이 조정된다고 설명합니다. 따라서 시장에서 자유롭게 경쟁이 이루어지면 생산 요소가 최적으로 배분되고 완전 고용을 달성하고 모든 사람들의 후생이 극대화되는 그런 이상 형태에 도달한다고 하죠. 그래서 자본주의 사회는 시스템 내적으로 공황이 없다고 이야기합니다. 그런데 현실에는 공황이 오니

까 부르주아 경제학자들도 공황을 부정할 수는 없죠. 이들은 자본주의 시스템 외부의 충격 때문에 공황이 생긴다고 얘기해요. 주류 경제학자들이 제일 좋아하는 외부의 변수는 통화 공급량이에요. 통화주의자들의 주장이죠. 중앙은행이 정책적으로 통화량을 변동시키면 이 외생적인 변수가 자본주의 시스템 내에 작용을 가해 경기 순환이라는 현상이 생긴다, 통화량을 확장하면 경기가 확대되고 통화량을 줄이면 경기가 축소돼서 불황이 온다는 식으로 설명해요. 또 흔히 드는 변수는 정부의 정책적 개입이나 노동조합의 노동 공급 독점, 전쟁 같은 요인입니다. 대표적으로 1974~1975년 공황, 1980년 공황을 오일 쇼크와 전쟁 때문에 비롯된 공황이라고 설명합니다. 다음 장에서 얘기하겠지만, 이게 터무니없는 설명 방식이죠.

Q 마르크스주의 경제학에서는 공황의 원인을 과잉 생산으로 보는 건가요?

A 마르크스주의 경제학에서는 공황을 자본주의가 가진 내재적 모순들의 폭발로 설명합니다. 공황을 가져오는

내재적 모순들은 호황기에 발전해서 공황기에 폭발하거든요. 공황이 구체적으로 나타나는 형태는 과잉 생산, 과잉 자본이에요. 그러니까 호황기에 과잉 생산과 과잉 자본이 쌓여 간다는 말이죠.

왜 과잉 생산과 과잉 자본이 쌓여 가는가와 관련해 마르크스주의 경제학은 공황의 원인으로 두 가지를 듭니다. 하나는 무정부적 생산, 부문 간 불균형이에요. 자본주의 생산은 사회 전체적으로 계획적이지 않거든요. 생산 부문 간 균형을 맞추기가 어려워요. 그러다 보니까 호황기에 투자가 확장되고 생산이 확장되면서 부문 간의 불균형이 심화되는 거죠. 특히 생산 수단을 생산하는 부문과 소비재를 생산하는 부문 간의 괴리가 생겨요. 그래서 부문 간 불균형이 일어나고 과잉 생산이 발전하면서 상품이 안 팔리고 가격이 떨어질 수밖에 없는 거죠. 그럼 기업들의 이윤율도 악화되고 자본가들이 투자하지 않게 되는 겁니다.

불균형의 또 다른 측면에는 생산과 소비의 모순이 있어요. 자본주의 생산은 호황기에 무제한적으로 확장해 나가는데, 기업들은 이윤 증식이 목적이다 보니 노동자들의 임금은 최대한 억제하면서 생산을 확장하는 경향이 있어요. 그래서 수요 수준을 넘어서 과잉 생산이 되는 거예요. 한편에서는 생산 부문 간의 불균형이 발전하고, 다른 한편에서는 노동자 계급의 제한된 소비와 생산의 무제한적 확장이 충돌하는 모순 때문에 공황이 일어납니다. 마르크스주의 경제학의 정통파에서 그렇게 설명하고 있어요.

약간 어려운 문제지만 덧붙여서 말하면, 호황기에 발전하는 이런 불균형이 부르주아 경제학의 설명처럼 가격 기구의 작용으로 조정되어 균형을 회복하는 게 아니라 가격 기구의 작용으로 오히려 불균형이 심화, 누적된다는 겁니다. 자본주의의 누적된 불균형을 조정하는 건 일상적인 가격 기구가 아니라 바로 폭력적인 공황입니다. 이게 영미권 마르크스주의 공황론과 결정적으로 달라지는 지점이죠. 영미권 마르크스주의자들은 이 문제를 이해하지 못합니다. 이들의 이론적 오류이자 한계예요. 이들은 가격 기구의 작용을 통해 수요와 공급의 불균형, 부문 간 불균형이 끊임없이 균형으로 조정된다고 주장합니다. 그럼 이들에게서 부문 간 불균형이나 생산과 소비의 모순은 공황의 원인이 되지 않겠죠.

영미권 마르크스주의자들은 '이윤율의 경향적 저하 법칙'

으로 공황을 설명해요. 우리도 앞에서 이 법칙에 대해 살펴봤죠. 자본주의 사회에서 생산력이 발전하면 투입하는 자본 중에서 생산 수단에 투입하는 불변 자본이 거대해지고 잉여 가치를 생산하는 가변 자본은 상대적으로 점점 줄어들어서 평균 이윤율(총자본 대비 이윤)이 하락하는 경향이 있다는 것이 이윤율의 경향적 저하 법칙입니다. 이렇게 이윤율이 하락하면 공황이 온다고 설명하는 겁니다. 이 설명에 부문 간의 불균형이라든지 생산의 무정부성이라든지 생산과 소비의 모순은 들어갈 틈이 없어요. 또 그런 건 가격 기구의 작용으로 조정된다고 하죠. 그런데 이윤율의 경향적 저하 법칙으로는 주기적으로 10년이란 짧은 시기에 반복되는 공황을 설명할 수 없어요. 이 법칙은 생산력의 발전에 따른 점진적인 변화를 나타내는 거거든요. 호황 국면이라고 하면 4~5년 기간인데, 그 기간에 갑작스럽게 생산력이 고도화되고 불변 자본이 너무 커져서 이윤율이 떨어지는 게 아니거든. 우리나라에서도 고 김수행 교수를 비롯해서 영미권 문헌을 따라 연구하는 대부분의 논자들이 이런 공황론을 주장하는데, 이른바 이윤율 저하설은 마르크스의 공황론의 방법을 잘못 이해한 겁니다. 마르크스의 공황론은 정통파가 설명하는 바와 같은 과잉 생산 공황론입니다.

Q   과잉 생산이 돼서 가격이 떨어지면 소비자들은 좋은 거 아닌가요?

A   공황이 와서 정리해고, 임금 삭감이 이루어지면 대중들의 소득이 낮아지거든요. 떨어지는 가격보다 내 소득이 더 많이 줄어요. 그래서 공황이 좋을 리가 없어요. 게다가 오늘날은 공황이 와도 물가는 잘 안 떨어지죠. 독점 가격과 국가의 경기 부양책 때문이죠. 물론 공황 속에서도 살아남는 기업들은 망해 가는 기업을 싼값에 인수 합병할 수 있어요. 그런데 그 죽어 가는 기업, 그곳 노동자들, 또 연관된 금융 부문은 다 손실을 떠안는 거니까 좋다고 얘기할 순 없죠.

공황이란 무엇이고 왜 일어나나?

; 기업 도산, 대량 실업, 주식 시장 폭락 등 자본주의의 위기 중 주기적으로 반복되는 과잉 생산 위기를 '공황(panic)'이라고 부른다. 마르크스주의 경제학에서는 사회 전체적으로 계획적이지 않은 자본주의 생산의 무정부성, 그리고 생산과 소비의 모순, 두 가지를 공황의 원인으로 파악한다. 즉 자본주의가 가진 내재적 모순들이 폭발해 일어나는 것이다. 1825년부터 200년 가까운 자본주의 역사에서 주기적 공황은 7~11년 주기로 반복되고 있다.

공황이 반복되는데도 자본주의 경제는 왜 다시 성장하나?

; 공황이 과잉 상품과 과잉 자본을 정리하고 이윤 조건을 다시 회복해 주기 때문에 자본주의는 공황 자체로는 망하지 않는다. 공황을 통해 과잉 상품과 자본이 청산되면 해당 자본가들은 막대한 손실을 떠안지만, 경쟁에서 버텨 살아남은 자본가들에게는 새로운 이윤 증식 조건이 형성된다.

몽땅 망해라

: 공황론 ②

주기적 공황이
태양의 흑점 활동 때문이라고?

Q   그러면 주류 경제학에서는 공황이라는 용어를 쓰지 않나
요?

A   부르주아 세계에서도 옛날에는 '공황'과 '위기'라는
용어를 사용했죠. 요즘은 좀처럼 쓰지 않습니다. 주류 경제
학의 경기 변동론에서는 기본적으로 경기 순환이 2개 국면
으로 이루어져요. 경기 상승, 그다음에 상방 전환점(고점),
경기 하강, 그다음에 하방 전환점(저점), 이렇게 말이죠. 이
사람들은 상승 국면, 하강 국면 두 가지로만 이야기해요.
그리고 하강 국면을 공황이라는 용어로 정의하지 않습니
다. 기본적으로 그게 위기가 아니라는 관점이니까요. 그래
도 시장 현상이니까 현실에 공황과 불황이 닥쳤을 때 이
사람들도 불황이라고 하기는 해요. 다만 부르주아 경제학
의 문헌에서는 이런 용어들을 상대화해서 씁니다. 심지어
1930년대 대공황도 '대불황'이라고 해요. 불황이란 말도 제

2차 세계 대전 이후에는 거의 안 쓰는 용어가 됐어요. 요즘은 '경기 침체', '경기 후퇴'라는 말을 쓰죠. 이것도 뉘앙스가 조금 다른데 '경기 후퇴'가 더 약한 개념이에요.

Q   공황을 설명하지 못해서 그런 건가요?

A   부르주아 경제학에 따르면 자본주의하에서 공황과 위기는 없다는 거죠. 외부 충격 때문에 경제가 확장되거나 축소될 수 있다고만 설명합니다. 현실에서는 10년마다 공황이 반복하고 있는데 말이죠. 더 놀라운 건 공황도 없으니 실업도 없다고 한다는 겁니다. 물론 부르주아 경제학에서도 케인스주의 경제학은 불황과 실업이 현대 자본주의 아래에서 설명해야 할 주요한 현상이라고 말합니다만, 오늘날 지배적인 경제학 즉 신자유주의 경제학은 공황도, 실업도 없다고 설명합니다. 그럼 현실의 실업자들은 뭐냐? 신자유주의 경제학에서는 이들을 비자발적 실업이 아니라 구직을 위해 일시적으로 실업 상태에 있는 '마찰적 실업'으로 규정합니다. 신자유주의 경제학자들은 놀랍고 무서운 인물들이죠. 장기 불황 아래에서 구조화되고 있는 현실의

대량 실업을 보면서 이런 이론을 강단에서 가르치고 있으니 말입니다.

공황이라는 게 반복되는 현상으로 주기성이 있거든요. 부르주아 경제학의 설명처럼 외부 충격으로 경기 변동이 있더라도 10년 주기를 설명해야 합니다. 하지만 이건 설명이 안 되는 거예요. 정부가 통화 정책이나 재정 정책을 통해 수시로 외적 충격을 가하는데, 공황은 왜 10년마다 일어나느냐는 거죠. 정부가 외적 충격을 10년마다 반복하는 게 아닌데도요. 정부의 외적 개입은 불규칙하게 이루어져요. 이렇게 10년 주기로 반복되는 공황 현상을 설명할 수 없다 보니 황당한 주장까지 나오게 되었죠.

현대 경제학의 기초를 다진 경제학자 중 한 사람이 영국의 제번스(W. S. Jevons)인데요, 이 사람은 1884년 공황의 원인을 태양의 흑점 활동 때문이라고 주장했어요. 당시 천문학자들에 의해 태양 흑점 활동이 10년마다 한 번씩 커졌다 수축한다고 밝혀졌거든요. 경기 변동 주기와 비슷하잖아요. 그래서 태양의 흑점 활동이 지구의 기후 변화를 가져와 농업 생산량에 영향을 미치고 그게 공업 생산량에 영향을 미친다는 식으로 주기적 공황을 설명합니다. 그냥 한 얘기가 아니라 자신의 저서에서 정식으로 발표한 거예요. 지금 생각하면 보통 웃긴 얘기가 아닌데 부르주아 경제학에서는 이렇게밖에 설명할 수 없었던 거죠. 부르주아 경제학 이론 체계 내에서는 자본주의 시스템에 공황이 일어나는 현상을 설명할 수 없으니까요. 앞서 얘기했던 통화량 변동이나 정부 정책의 변화로 공황을 설명하는 것도 다 외생적 변수니까 근본적으로 태양 흑점설과 같은 맥락에 있는 겁니다. 공황이 시스템의 속성이 아니라고 보는 게 이 사람들의 근본적인 맹점이에요.

Q   **태양 흑점을 동원할 정도로 주기성을 되게 설명하고 싶었나 봐요.**

A   공황론과 경기 변동론이 주기성의 문제를 피할 수는 없죠. 공황이 주기성을 갖고 반복한다는 건 자본주의 시스템에 고유한 내적 메커니즘이 있다는 거고 경기 변동론은 이걸 규명해야 하는데 부르주아 경기 변동론은 못 하는 거예요.
정부 재량으로 여러 정책적 개입을 하는데 이런 개입이 항상 공황으로 발전하진 않아요. 정부의 어떤 개입은 주기적 공황으로 발전하고 어떤 건 공황으로 발전하지 않는다는 거죠. 예를 들어 2008년 금융 위기가 폭발한 걸 두고 사람들은 미국 연준이 이자율을 올렸기 때문이라고 해요. 근데 호황기에 정부가 이자율을 올리는 건 일반적인 현상이에요. 호황기가 되면 투자 수요가 많아지고 자금 수요가 많아지니까 이자율이 올라가거든요. 그럼 정부가 그걸 관리하기 위해 이자율을 선도적으로 올리는데, 호황기에는 이자율을 몇 번 올려도 그게 공황으로 발전하지 않아요. 대개 마지막으로 올리는 데서 공황이 오죠. 바로 과잉 생산의 조건이 성숙했을 때입니다. 과잉 생산의 표출에 따라 이윤율은 저하하는데 이자율이 올라가서 자본가들의 투자 수요가 급감하고 공황이 발생하는 겁니다. 정부의 외생적 개입 때문에 공황이 오는 게 아니라는 거예요. 호황기에 부문 간 불균형 또는 생산과 소비의 모순이 발전하고 과잉 생산의 조건이 성숙할 때만 정부 개입 같은 특정한 외생적 계기로 이게 폭발해서 공황으로 발전합니다. 과잉 생산이 누적, 성숙하기 전에는 외부 변수가 작용해도 공황으로 이어지지 않습니다. 외생적 충격에도 불구하고 자본주의 경제는 빠르게 적응해서 조정을 받고 다시 경기 순환을 따라 운동하죠. 호황기에 상방 운동을 할 때는 정부가 잘못된 정책을 일부 집행하거나 외부의 특정한 사건이 영향을 미치더라도 자본의 열광적인 확장 투자 속에 묻혀 버려요. 그런데 호황이 성숙한 시기, 과잉 생산이 무르익은 시기에는 외부에서 같은 충격이 가해지면 그때는 공황으로 폭발하죠.

공황이 발생하는 원인은 외부의 어떤 충격 때문이 아니라 자본주의 시스템 내부에 있어요. 생산과 투자의 확장 속에서 누적되는 과잉 생산의 모순이 공황을 가져오는 겁니다. 호황 막바지 국면은 과잉 생산이 무르익어서 터지기 직전이거든요. 그럴 땐 사소한 외부적 충격도 다 공황의 원인이 돼요. 그때 전쟁이 나면 공황이에요. 이자율을 올려도 공황으로 이어집니다. 주식 시장이 폭락하기 시작하면 영락없이 공황이에요. 반면 상승 국면이 계속되는 시기에는 전쟁이 일어나도 공황이 안 와요. 정부가 이자율을 올려도 안 옵니다. 금융 시장의 어떤 교란 요인으로 주가 지수가 갑자기 급락해도 금융 시장은 빠르게 적응해서 다시 상방 운동을 해요. 부르주아 경제학은 이런 걸 설명하지 못합니다.

마르크스주의 경제학은 공황의 필연성, 경기 순환 국면들의 교대를 내적 메커니즘으로 설명하지만 공황의 10년 주기까지는 설명을 못 해요. 왜 하필이면 10년일까. 마르크스도 이를 설명하려고 시도를 많이 했는데, 기계 설비의 생명 연한과 연관 있지 않을까 추측했어요. 경기 순환의 주요 요인이 투자의 변동에 있으니까 이런 연관을 상정하는 건 당연한 겁니다. 또 근대 산업 혁명 후에 성립된 자본주의 질서가 생산 수단에 기초한 체제거든요. 마르크스가 살던 시기에는 기계 설비의 생명 연한이 대체로 10년이라고 말들합니다. 하지만 마르크스도 기계 설비의 생명 연한과 공황의 주기성 간의 관계를 이론적으로 정확히 해명하진 못했습니다.

Q   **과잉 생산이 무르익었다는 건 어떤 징후를 통해 알 수 있어요?**

A   과잉 생산이 먼저 표출되는 부문은 사람들이 흔히 생각하는 소비재 부문이 아니라 생산재 부문이에요. 생산재 부문에 대한 수요가 왕성하고 이 부문의 생산과 투자가 확대되는 것이 호황의 본질이거든요. 투자 수요가 확대되

면 이것을 뒷받침하기 위해 생산 부문의 자본가들이 생산 설비를 확장해요. 그런데 생산 설비는 확장 투자로부터 생산해서 공급에 이르기까지 시간이 오래 걸리거든요. 기계 설비를 공급하는 데 시간적인 지체가 뒤따라서 생산 수단의 공급이 그만큼 비탄력적인 거죠. 호황기에 생산재 수요가 증대되니까 공급을 늘리려고 투자를 하는데 기계 설비를 확장, 건설하는 기간에는 당장 기계 설비를 공급하지 못하죠. 그러면 생산재 초과 수요가 발생하고 이게 생산재 가격을 더욱 인상하고 그러면 생산재 투자는 더욱 확대돼요. 이렇게 호황 국면에 생산재 과잉 생산이 초과 수요에 은폐되어 누적되어 갑니다. 이렇게 확장하는 호황 시기가 위험한 시기인 거예요. 생산 수단의 생산자들이 열광적으로 생산을 확장하는 국면인데, 그러면 공급 과잉이 되는 거죠. 생산재가 시장에 공급돼서 나오기 시작하면 생산재 가격상승이 꺾이게 돼요. 공황 국면에 들어설 때는 가격이 추락합니다. 그래서 생산재 부문의 수익률이 현저하게 악화합니다. 생산재 부문의 생산과 투자가 감소하고 이 부문 노동자들의 소득이 줄고 일자리를 잃게 되죠. 그에 따라 소비재 부문의 과잉 생산도 표출하게 되지요. 공황과 불황 중에 상호 악순환이 전개됩니다.

과잉 생산 공황의 또 하나의 징표는 금융 시장에 있어요. 자본가들이 확장 투자를 할 때는 이윤 전망이 좋을 때거든요. 투자를 확대하면서 은행으로부터 막대한 자금을 차입해요. 이자율이 높아지고 이윤 전망이 높아지니까 그사이에 영업 수익을 올리려고 은행들도 마구 대출을 해 준다고요. 주식 시장에서는 자본가들의 직접적인 자본 조달이 가능하잖아요. 그래서 직접 주식이나 채권을 통해서 자본을 조달하죠. 호황기에 이윤 전망이 좋으니까 금융 투자자들이 너도나도 주식에 투자하고 채권에 투자를 합니다. 그러면 주식 가격이 급등하죠. 이게 호황의 전형적인 현상이자 위험한 증상이에요. 금융 시장이 과도하게 팽창하고 주가가 크게 오르기 시작하면 조만간 위험한 공황의 시기가 닥칠 거란 얘기입니다. 공황이 오면 주식 시장에 투자한 사람들은 쫄딱 망하는 거예요. 자본가들에게 대출해 줬던 은행들도 다 엮이는 거죠. 기업에 대출해서 설비 투자를 했는데 과잉 생산이 돼서 대출 회수가 안 되니까요. 은행이 물리면 은행 위기로 발전하죠. 그래서 공황이 오면 항상 신용 경색이나 은행 도산, 주가 폭락 등 금융 공황을 동반하게 됩니다.

요약하면 대체로 생산재 부문의 가격 등귀와 높은 수익률, 주가 지수 급등, 높은 물가 상승률, 높은 이자율 그리고 낮은 실업률을 통해서 호황의 끝자락이라고 판단하죠. 다우존스 지수의 경우는 대개 불황기 때의 바닥으로부터 호황기의 고점에 두 배 정도로 뛰는 거 같더라고요.

자본주의의 존망이 걸린 구조 위기

Q   10년마다 주기적 공황이 온다고 했는데, 공황이 반복되면서 변화하는 게 있나요?

A   변화가 없을 수 없죠. 사람들은 끊임없이 망각하지만 공황은 반복해요. 그런데 이 반복이 단순한 반복이 아닙니다. 자본주의 발전에 따라 생산이 점차 확장되고 고도화될수록 공황이 심화합니다. 그래서 특정한 시기가 되면

공황의 양상이 이전과 달라져요. 19세기 자본주의하에서는 경기 순환이 반복하면서도 경제가 확장하는 게 일반적인 추세였어요. 공황은 주기적으로 오지만, 공황이 끝난 다음에는 경제가 회복되고, 호황이 되면 그 이전 시기의 호황 때보다 더 높은 수준의 경제 규모로 성장했다가 다시 추락하는 일이 반복됩니다. 그러면 10년마다 반복되는 공황을 거치면서도 평균적으로는 자본주의 경제가 성장해요. 그런데 반복되는 경기 순환 속에서 공황이 심화하면 이 추세가 꺾이기 시작해요. 호황이 약하거나 짧아지고 공황은 강해지거나 길어지는 거죠. 이런 양상으로 변하면 평균적으로 경제 성장률이 둔화합니다. 자본주의 역사에서 이런 시기가 존재하는데, 그럼 이 기간에 경제가 장기 불황에 빠지게 됩니다. 그래서 공황이 단순하게 반복되는 게 아니라 심화한다고 말하는 거예요. 이런 장기 불황의 이면에는 이윤율의 장기적 저하가 있는 거죠. 이건 주기적 공황의 원인이 아니라 자본주의 장기적 발전을 규제하는 법칙이에요. 자본주의가 장기 불황이나 장기 침체를 맞게 되는데, 이 시기가 자본주의의 격변기죠. 자본주의가 성장의 기로에 서는 거예요. 장기 침체를 어떻게 극복해 나가느냐 하는 문제를 둘러싸고 자본 간에도, 또 자본가와 노동자 계급 간에도 경제 위기를 배경으로 하는 격렬한 투쟁의 시기로 접어듭니다. 이 속에서 자본주의가 새로운 구조 재편을 하거든요. 이를 통해 새로운 발전의 토대를 만들어 냅니다. 물론 거기서 추락할 수도 있죠. 그런 의미에서 자본주의 생산 체제가 기로에 선다는 거예요.

역사적으로 보면 19세기 1873~1895년 기간 동안 자본주의가 최초의 장기 불황에 빠졌습니다. 이 불황을 계기로 자본주의가 자본의 내적 구조를 재편해요. 자유 경쟁 자본주의 질서 아래에서 이 위기를 극복할 수 없으니 독점화 운동이 일어납니다. 고도로 발전된 생산력 수준에 대응해서 거대 기업 중심으로 생산과 자본을 집중해 독점적으로 시장을 지배하는 겁니다. 그래서 이 시기에 주식회사 제도가 발전하고 주식회사 제도를 이용해서 독점 자본의 지배 체계가 갖춰집니다. 또 트러스트와 카르텔 같은 시장을 지배하는 조직들이 만들어지고요. 그렇게 20세기에 들어서면 독점 자본주의 시대에 들어가는 거죠. 자본주의가 구조 위기를 배경으로 구조 재편을 하고 자본주의의 새로운 발전 단계를 여는 겁니다. 19세기 자본주의의 모습과는 확 달라지는 거죠. 경쟁력이 균등한 기업들끼리 자유롭게 경쟁하는 시장 질서로부터, 독과점이 시장을 지배하고 통제하는 새로운 자본주의 체제로 넘어갑니다. 독점 자본과 금융 자본이 지배하는 자본주의의 새로운 변화, 그리고 이 자본주의 하에서의 운동 법칙을 분석하려면 독점 자본주의론 분석이 필요하다고 해서 정통파의 흐름 내에 독점 자본주의론, 제국주의론이 발전하는 겁니다. 그런데 1930년대 대공황을 맞이하면서 독점 자본주의하의 자본주의가 새로운 구조 위기에 빠지게 되죠. 이 위기 극복을 위해서 독점 자본은 국가의 힘을 빌리게 돼요. 이 시기에 자본주의는 국가가 공황으로부터 독점 자본을 구제하고 독점 자본주의의 조절을 위해 경제 개입을 하는 국가 독점 자본주의 단계로 이행합니다. 이 시기를 좁게 잡으면 1929년 세계 공황에서 제2차 세계 대전까지의 기간이고요, 더 넓게 잡으면 1914~1945년까지의 30여 년 기간입니다. 이 시기는 제1차 세계 대전이 일어나 자유주의 질서가 끝장나면서 세계 경제가 파국으로 치닫는 시대였죠. 그 사이에 성장기라면 상대적 안정기로 불리는 1920년대 후반기 4년간의 짧은 호황밖에 없었어요. 그 30년이 전체적으로 침체기죠.

이 위기는 19세기에 첫 번째 찾아온 구조 위기보다 훨씬 더 심각하고 위협적인 위기였어요. 자본주의 체제의 존망이 걸린 시기였거든요. 제1차 세계 대전 겪었죠, 세계 대공황 일어났죠, 파시즘이 등장하고, 또 한 번 피비린내 나는 제2차 세계 대전이 일어났죠, 자본주의 체제가 정말 쓰러지느냐 마느냐의 시기였어요. 실제로 이 시기에 쓰러진 국가들도 있죠. 1917년에 러시아에서는 사회주의 혁명이 일어나서 자본주의 체제가 뒤집혔죠. 동유럽에서도 사회주의 체제가 성립했어요. 다른 선진 자본주의 국가들은 뉴딜형 국가 개입주의로 파시즘과의 전쟁에서 승리하면서 자본주의를 유지한 거죠. 말하자면 이 시대가 자본주의로부터 사회주의로의 이행이 개시되는 시기였습니다. 실제로 이행이 일어나기도 했고요. 한편에서 자본주의 체제가 무너지는 시기였고, 다른 한편에 국가 개입주의를 통해 자본주의 체제를 연명해 가는 시기였어요. 그래서 제2차 세계 대전 이후에 국가 독점 자본주의라는 새로운 자본주의 단계가 열리는 거죠. 국가 독점 자본주의는 독점 자본주의와 마찬가지로 이행기의 자본주의입니다.

Q   전 자본주의가 진짜 망했으면 좋겠는데, 자본주의가 기로에 선다는 구조 위기가 와도 이렇게 오뚝이처럼 살아나고 또 살아나고 하면 어쩌죠.

A   자본주의가 이 위기를 통해 끝장이 나느냐 안 나느냐는 구조 위기 자체가 아니라 노동자들의 계급 의식과 정치적 힘에 연관된 문제예요. 1920~1940년대는 자본주의가 구조적 위기로 심각한 위기에 처해 있을 뿐 아니라 노동자 계급의 사회주의 운동이 강력했던 시기예요. 국제 사민당, 공산당 그리고 민족 해방 운동의 힘이 정말 자본주의 체제를 뒤집어엎을 정도로 고양된 시기거든요.

1930년대 같은 위기가 1970~1980년대 세계 불황을 계기로 다시 시작됐습니다. 지난 2009년 금융 위기로까지 이어진 이 위기가, 1930년대의 위기를 능가하는 정말 심각한 위기예요. 자본주의는 여기서도 존망이 걸린 상태예요. 그런데 정치적 상황은 많이 달라졌죠. 1970~1980년대 이후 자본주의가 40년간 장기 위기를 거치면서도, 또 지난 2009년같이 심각한 위기를 거치면서도 자본주의 체제를 전복할 수 있는 노동자 계급의 힘은 찾아보기 어려워요. 1990년대에 현실 사회주의도 붕괴했고요. 공산당은 퇴조하고 사민당은 제3의 길이라는 미명하에 신자유주의로 전환했고, 노동자들의 저항의 힘은 소진되었죠. 그러다 보니 위기 속에서도 자본주의 체제는 무너지지 않아요. 신자유주의 체제가 지속하는 상황이죠. 앞으로도 상당 기간은 선진 자본주의 국가들에서 자본주의를 무너뜨릴 정치적 힘이 없는 상태죠.

Q   자본주의 구조가 재편되는 장기 불황 시기에도 노동 계급의 정치적인 힘이 만들어져 있어야만 변혁의 가능성이 있다는 건가요?

A   실제로 자본주의가 붕괴하는 과정은 정치적 과정이에요. 정치적 과정은 계급 투쟁의 과정이라서 자본주의 경제의 위기가 아무리 심화되어도 노동자 계급에 의해 정치적으로 전복되지 않는다면, 노동자 계급이 전복할 힘이 없는 상태라면 자본주의 체제는 무너지지 않습니다. 자본주의가 경제적 위기 때문에 자동으로 붕괴하지는 않을 거예요. 그냥 위기의 여러 양상을 안고 사는 겁니다.

Q   16회에 걸친 경제 무식자들과의 대담이 이제 끝이네요. 마지막으로 현실에서 겪는 문제들에 대해 주류 경제학이 아무것도 말해 주지 않는다고 생각하는 경제 무식자들이 어떤 책을 읽으면 좋을지 추천해 주세요.

A   《자본주의 역사 바로 알기》(리오 휴버먼, 책벌레, 2000), 《휴버먼의 자본론》(리오 휴버먼, 어바웃어북, 2011),《현대 부르주아 경제학 비판》(예브게니 바르가 외, 노사과연, 2012),《신자유주의와 공모자들》(김성구, 나름북스, 2014),《경제는 왜 위기에 빠지는가》(하야시 나오미치, 그린비, 2011),《맑스주의 역사 강의》(한형식, 그린비, 2010)를 추천하고 싶습니다. 현대 국가 독점 자본주의론의 위기 분석과 관련해서는 특별히 《21世紀型世界経済危機と金融政策(21세기형 세계 경제 위기와 금융정책)》(建部正義, 新日本出版社, 2013)을 추천합니다. 이 일본 저서는 지금 계획으로는 내년 중에 우리말로 번역, 출간할 생각입니다.

공황이 반복되면 자본주의에 어떤 변화가 오나?

; 19세기 자본주의하에선 경기 순환이 반복하면서도 경제가
확장하는 게 일반적인 추세였다. 그런데 반복되는 경기 순환
속에서 공황이 심화하면 성장 추세가 점차 꺾이며 평균적으로
경제 성장률이 둔화한다. 그러면 자본주의 경제는 장기 불황
이나 침체를 맞이하는데, 이때가 자본주의 질서가 재편되는
격변기이자 '구조 위기'의 시기다. 역사적으로 19세기 후반,
1930년대 대공황 시기, 그리고 1970년대 세계 불황으로부
터 2009년 금융 위기까지 이어진 국면이 여기에 해당한다.

결국 자본주의는 경제 위기로 무너지는 것인가?

; 자본주의 질서가 재편되는 과정은 정치적 과정이다. 정치
적 과정은 계급 투쟁의 과정이기에 자본주의 경제 위기가 아
무리 심화해도 노동자 계급이 정치적으로 전복할 힘이 없다
면 자본주의 체제는 무너지지 않는다. 자본주의가 경제적 위
기 때문에 자동으로 붕괴하지는 않는다.

마르크스주의의 길을 찾고자 하는 이들의 소박한 고백

김공회 (한겨레경제사회연구원)

'경제 무식자'라는 이 책의 제목은 참으로 시사적이다. 정말이지 현대인들은 경제를 알고 싶어서 난리 아닌가? 출판계에서 '경제 기사 읽는 법' 류의 책들은 최소 '평타'는 치는 것으로 간주되고, 경제를 알기 쉽게 풀어 준다는 저자들, 나아가 '경제(학)'의 시각으로 세상을 보는 법을 알려 준다는 《괴짜 경제학》이나 《경제학 콘서트》 같은 책들이 베스트셀러가 되는 세상이다. 좀 배웠다는 사람들도 '경알못'을 자처하고, 포털 사이트나 각종 SNS의 이름난 '경제 고수'들의 한마디에 귀를 쫑긋 세운다.

이렇게 현대 사회에서 경제에 관한 지식은 다른 어떤 분야보다 더 중요하게 취급된다. 무엇보다 돈벌이에 직접 관련되어 있으니 그럴 법도 하다. 돈이 전부는 아니라고는 해도, 돈으로 이 세상 거의 모든 것을 살 수 있다는 데 토를

달 사람은 없으리라. 이렇게 돈이 최고인 세상, 돈이 모든 것을 지배하는 세상에서 그 돈의 논리를 알고자 하는 것을 나무랄 필요는 없다. 그 욕구가 '돈 좀 벌어 보자'라는 지극히 세속적인 종류의 것이든, 아니면 '이 세상의 이치를 알기 위해'라는 숭고한 정신의 발로이든 말이다.

세상 사람들이 '경제(학)'에 목말라하면 할수록 마르크스주의 경제학을 연구하는 나 같은 이들은 마음이 착잡해진다. 그간 마르크스주의가 얼마나 '경제 환원주의'라고 욕을 먹어 왔느냐는 말이다. 물론 이 비난의 빌미(?)는 다름 아닌 마르크스주의의 창시자들에 의해 직접 주어졌다.

"인간은 그들 삶의 사회적 생산에서 그들의 물적 생산력의 일정한 발전 수준에 조응하는 일정한, 필연적인, 그들의 의사와는 무관한 관계들, 즉 생산관계를 맺는다. 이 생산관계 전체가 사회의 경제적 구조, 현실적 토대를 이루며, 이 위에 법적이고 정치적인 상부 구조가 세워지고 일정한 사회적 의식 형태들이 그 토대에 조응한다. 물질적 생활의 생산 양식이 사회적, 정치적, 정신적 생활 과정 일체를 조건 짓는다. 인간의 의식이 그들의 존재를 규정하는 게 아니라, 반대로 그들의 사회적 존재가 그들의 의식을 규정한다."(마르크스, 《정치경제학 비판을 위하여》, 1859 서문 중에서).

흔히 역사 유물론, 또는 토대-상부 구조론이라고 불리는 이러한 입장은 마르크스주의의 단순성과 우둔함을 증명할 때 단골 소재로 쓰였다. 그러한 비난들이 마르크스의 생각을 악의적으로 단순화하고 왜곡했음은 말할 것도 없다. 문제는 위 인용문에서 나타난 것과 같은 생각의 승인 여부를 두고 마르크스주의 내부에서도 첨예한 논란이 있었다는 사실이다. 더구나 경제적 토대의 결정력을 강조하는 마르크스의 기본 입장이 구소련에서 '스탈린주의'라는 교조敎條로 확립됨에 따라, '공식' 또는 '제도권' 마르크스주의를 '경제 환원주의'라고 비난하는 습관은 마르크스주의 내부에서조차 확립되기에 이른다. 저 '경제 환원주의'를 거부하는 것은 칭송받을 일로 여겨졌고, 그 결과 20세기 '서구 마르크스주의'에서는 철학적, 문화적, 심리학적 정향定向의 다양한 마르크스주의'들'이 꽃을 피웠다.

나는 여기서 마르크스주의에 씌워진 '경제 환원주의'라는 굴레가 부당하다는 주장을 하려는 게 아니다. 물론 그것은 부당하다. 그 부당성에 대해서는 테리 이글턴^{Terry Eagleton}이 《왜 마르크스가 옳았는가》(황정아 옮김, 길, 2012)의 5장('마르크스주의는 만사를 경제로 환원한다?')에서 잘 서술해 놓았다. 그보다 내가 하려는 얘기는 오늘날 마르크스주의라는 이름을 달았거나 그 범주에 넣을 수 있는 이러저러한 논설이나 정책 제안 등에서 '경제'가 오히려 사라지고 있는 것 아니냐는 것이다. 당신이 떠올릴 수 있는 (국내적으로든 세계적으로든) 대표적인(?) 마르크스주의자들 중에 경제학자가 있는가? 마르크스주의가 하나의 '입장'으로서 확립된 분야들을 꼽아 보라. 아마도 성, 인종, 지역, 문화 비평, (사회학의 주제로서) 노동 등이 떠오를 것이지만, 딱히 '경제' 분야에서는 무엇을 '마르크스주의적 입장'이라고 해야 할지 당혹스러울 것이다. 〈진보평론〉, 〈문화과학〉, 〈뉴 레프트 리뷰〉, 〈자코뱅〉 등 국내외 대표적인 마르크스주의 계열의 잡지들을 펼쳐 보라. 딱히 경제 분석이라고 할 만한 글이 몇이나 되는가? '맑스 코뮤날레'나 '역사 유물론^{Historical Materialism} 연례 학술대회' 같은 국내외 마르크스주의 학술 축제의 프로그램들을 살펴보라. 과연 마르크스주의를 '경제 환원주의'

라고 할 만한 조그마한 근거라도 찾을 수 있는가?

마르크스주의의 '탈경제학화'라고 불러도 좋을 이러한 현상은 경제학자인 나 같은 사람이 그저 아쉬워하고 말 정도의 문제가 아니다. 앞서 소개한 책에서 이글턴이 지적했듯 정말로 경제 환원주의적인 것은 마르크스주의가 아니라 이 자본주의 세상이고, 시간이 흐름에 따라 그것이 점점 더 노골화되고 있음을 우리는 매일의 현실에서 목격할 수 있다. 모든 현상의 배후에 경제적 동기가 가장 중요한 요인 중 하나로 자리 잡고 있다는 것은 이제 더 이상 비밀도 아니다. 그러니 오늘날 마르크스주의는 이런 세상과 완전히 거꾸로 가는 게 아닌가.

마르크스주의의 탈경제학화는 이 세상을 이해하고 변혁하는 데 마르크스주의의 영향력이 점차 줄어들고 있음을 증명한다. 물론 오늘날 마르크스주의의 영향력 감소가 그것 때문만은 아니다. 더 중요하고 근본적인 원인은 '자본'과의 관계에서 '노동'이 계속해서 패배하고 있는 현실이다. 한때 이 지구의 절반을 뒤덮었던 20세기 초 사회주의 혁명의 영향력이 한 세기도 못 가서 아쉬운 종말을 고했다는 게 가장 뼈아프다. 주요 선진국들에서 합법적으로 정권을 획득하면서 '사회주의로의 무혈입성'의 가능성까지 열었던 노동자 기반 정당들은 1980년대 이후 변질되거나 선거에서 좋지 못한 성적을 거뒀다. 전통적인 노조가 점차 파괴되었고, 비정규직 신세로 분열된 노동자들은 제 한 몸 건사하기도 힘겨운 지경이 되었다. 더구나 최근에는 세계 경제의 공황에 뒤이은 불황이 장기화하면서 마르크스주의의 현실적 입지는 점차 줄어드는 모양새다.

그러나 다른 한편으로 돌이켜 보면 마르크스주의란 마치 비 오는 날 대목을 맞는 우산 장수처럼 대표적인 '불황 산업'이 아니던가? 1970년대 초중반의 마르크스주의 경제학의 '르네상스'의 배후에는 전후 자본주의 황금기를 끝장낸 일련의 위기들이 있었다. 우리의 경우에도 1997년 경제 위기를 겪으면서 마르크스주의를 포함한 다양한 진보 경제학들이 짧게나마 중흥을 맞기도 했다. 그렇다면 세계 경제를 강타한 2007/08년 공황은 마르크스주의, 특히 그 경제학에 새로운 기회여야 했지 않은가?

이 공황 뒤 십년 가까이 지난 지금, 우리는 당시의 공황이 전혀 그런 기회가 되지 않았다고 말할 수 있다. 이유가 뭘까? 여기서 한 가지 분명한 것은 그러한 기회 자체가 없었던 것은 아니라는 사실이다. 난데없이 뉴욕의 서점가에서 마르크스의《자본론》이 품귀 현상을 빚고, 대학가에서《자본론》읽기 모임이 성행했던 것이 그 증거다. 문제는 마르크스주의였다. 과연 마르크스주의는 세상의 요구에 부응해 그 '창시자'의 140년 전 대작 이외에 무엇을 내놓았는가? 물론 때마침 데이비드 하비David Harvey의 저작과 강연이 큰 인기를 누렸지만 그래 봐야 그것은 마르크스의《자본론》을 해설하는 정도였다. 내 기억에, 당시 세계 경제 위기와 관련해 그나마 인기를 얻었던 마르크스주의 저작은 지젝Slavoj Zizek의《처음에는 비극으로, 다음에는 희극으로》정도였다. 당시 (그리고 어느 정도는 지금도) 최고의 인기를 구가하던 '대표' 마르크스주의자였던 이 책의 저자가 철학자였다는 것은 우연일까?

경제학자들의 지적 개입이 전혀 없었던 것은 아니다. 코스타스 라파비차스Costas Lapavitsas나 벤 파인Ben Fine은 현대 경제에서 금융(화)의 의미를 밝히고자 꾸준히 노력한 결과 각각 결은 다르지만 의미 있는 결론들에 이르렀고, 앤드루 클라이먼Andrew Kliman이나 마이클 로버츠Michael Roberts 같은 저자들은 2007/08년 공황이 자본주의 경제의 발달에 따른 필연적인 결과라는 주장을 독서 대중이 충분히 이해할 수 있는 수준의 단행본 형태로 내놓기도 했다. 국내에서도 김수행이나 정성진, 그리고 이 책《경제 무식자 불온한 경제학을 만나다》의 저자인 김성구 등이 중요한 기여를 했다.[*] 그러나 이러한 노력에 대한 마르크스주의 안팎의 반향은 일관되게 실망스러웠다.

이렇게 된 것에 대해 마르크스주의만을 탓할 수는 없다. 그

---

[*] 몇 가지 예를 들면 다음과 같다. Costas Lapavitsas, 《Profiting without Producing: How Finance Exploits Us All》, Verso, 2013; Ben Fine, "Financialization from a Marxist Perspective", 〈International Journal of Political Economy〉, Volume 42, Issue 4, 2013, pp. 47-66; 앤드루 클라이먼,《The Failure of Capitalist Production: Underlying Causes of the Great Recession》, London: Pluto Press, 2012 [국역: 정성진, 하태규 옮김,《자본주의 생산의 실패: 세계 대침체의 원인》, 한울아카데미, 2012]; Michael Roberts,《The Great Recession》, Lulu, 2009;《The Long Depression: How It Happened, Why It Happened, and What Happens Next》, Haymarket Books, 2016; 김수행,《세계 대공황: 자본주의의 종말과 새로운 사회의 사이》, 돌베개, 2011; 정성진,《마르크스와 세계 경제》, 책갈피, 2015; 김성구(편저),《현대 자본주의와 장기 불황: 국가 독점 자본주의론의 시각》, 그린비, 2011; 김성구,《신자유주의와 공모자들: 왜 우리는 신자유주의에 지배당하게 되었나》, 나름북스, 2014.

것은 경제학이라는 학문 자체가 점점 폐쇄적으로 변화하고 있음을 반영하기도 할 테니 말이다.* 그런 의미에서 지난해 미국의 연례 경제학 콘퍼런스에 모처럼 초청되어 발표 기회를 가졌던 (제도권 경제학자도 아닌) 마이클 로버츠가 거의 완전히 무시되었다는 사례는 시사하는 바가 크다.

물론 경제학이 경제학자만의 전유물은 아니다. 마르크스주의에서는 더욱 그렇다. 그러므로 지금 제기하는 문제는, 마르크스주의 내에서 단순히 하나의 분과 학문으로서의 '경제학'이 주변화되고 있다는 게 아니다. 그 창시자들부터 마르크스주의의 중심 알맹이로 벼려졌던 어떤 성격, 곧 현실의 사태를 그것을 구성하는 인간관계들의 물적 조건으로부터 파악한다는 원칙이 변질되고 퇴색되고 있다는 것이다. 그 결과는 아주 참담하다. 허황된 요구들이 지금 마르크스주의라는 이름으로 제시되고 있다. 기본소득론이 대표적이다. 《경제 무식자 불온한 경제학을 만나다》

---

* 이에 대해서는 벤 파인의 '경제학 제국주의' 논의를 참조할 만하다. 예컨대 Ben Fine and Dimitris Milonakis, 《From Economics Imperialism to Freakonomics: The Shifting Boundaries between Economics and Other Social Sciences》, Routledge, 2009.

에서 김성구 교수가 정확히 지적하고 있듯이 언젠가부터 우리나라 진보 진영의 주요 세력으로 자리 잡은 기본소득 론자들에게는 현대 자본주의의 발달 맥락에 대한 고려가 전무하다시피 하다. 그뿐만 아니라 그것은 1960년대 말 이후 마르크스주의 정치경제학이 발전시켜 놓은 국가 그 자체와 국가의 조세·재정 활동에 대한 논의 성과들을 전혀 반영하지 못하고 있다. 그 결과 오늘 마르크스주의는 애초 마르크스와 엥겔스가 자신들의 입장을 차별화하면서 부정한 '안티 테제'들, 곧 리카도 사회주의, 공상적 사회주의(프루동주의, 오언주의), 휴머니즘적 세태 비판 등으로 퇴행하고 있는 듯이 보인다.

그러한 퇴행은 마르크스주의의 탈경제학화의 결과이면서 동시에 그것을 더욱 강화시키는 원인으로 작용한다. 점점 더 그 '경제 환원주의'를 노골화하는 이 자본주의 세상은 그 자체로 경멸의 대상일 뿐이고, 따라서 그 안에 살면서 경제를 알고 싶어 안달이 난 사람들은 그 세상의 노예일 뿐이다. 무지가 미덕이 되고, 맹목이 이상이 된다! 그러나 그것은 마르크스주의가 아니다.

좀 더 솔직히 말하자. 마르크스주의의 탈경제학화의 결과는 마르크스주의의 '왜곡'이라기보다는 '소멸'에 가깝다. 생산관계의 역사적 형태 분석에 입각한 그 변혁 전망에 대한 논의 없는 분배 개선론을 마르크스주의라고 할 수 있는가? 그러한 현실 개선이 우리에게 어떤 해방을 가져다줄 것인가? 마르크스주의적 분석 시각의 소멸은, 미국 흑인 대통령의 인간적인 면모에 넋 놓고 감탄하면서도 동시에 고고도미사일방어체계(THAAD) 도입을 반대할 수 있는 '포용력'은 주었을지언정 이 둘이 어떻게 양립 가능한지, 또는 가능하지 않은지에 대한 '분별력'은 앗아 갔다. 다양한 미디어를 통한 정보의 홍수 속에서 우리는 세계 민중의 삶을 더 잘 알게 되었지만, 혹시 우리는 그 과정에서 그들을 더욱 타자화하고 그들의 처지를 '나'와는 상관없는 어떤 힘에 의한 소외된 불행으로 치부하고 있지는 않은가? 교육 수준이 높아지고 삶이 상대적으로 여유로워지면서 보통 사람들도 대중문화, 스포츠, 첨단 정보 통신 기기 등이 제공하는 달콤함을 좀 더 '주체적으로' 즐길 줄 알게 된 것이 사실이다. 그러나 요즘 세태를 보면, 바로 그러한 고양된 주체성 그 자체를 '진보'로 여길 뿐, 대중문화나 올림픽 등에 대한 물질적 분석은 그저 '진지병 환자'의 편벽으로 치부되곤 한다.

19세기 후반 이후의 근현대사에서 위와 같은 질문들에 대한 가장 치열한 고찰과 행동화를 이끌었던 것이 마르크스주의였음을 부정하기는 어렵다. 그리고 이때 마르크스주의를 다른 어떤 진보적 담론보다 도드라지게 만들었던 것은 바로 세상만사에 깃든 물적 조건, 곧 경제적 측면에 대한 실질적이고 면밀한 관심이었다. 따라서 마르크스주의는 이 세상에 없어도 좋은 것이 결코 아니며, 현재의 약세를 극복하기 위해 가장 중요한 주체적 과제는 바로 그 '(정치)경제학'을 복원하는 데 있다고 믿는다.

그러므로 《경제 무식자 불온한 경제학을 만나다》라는 이 책의 제목은 다소 작위적으로 보여도* 오늘날 진정한 마르크스주의의 길을 찾고자 하는 이들의 소박한 고백이라고 하지 않을 수 없다. 어떤 이는 '경제를 이해하는 게 중요한

---

* 나는 〈워커스〉 지면에서 이 연재 기사를 읽으면서 과연 질문자가 진짜로 '경제 무식자'일까 하는 의심(?)을 떨쳐낼 수 없었다. 때때로 너무나도 좋은 질문들이 제기됐기 때문이다. 하지만 나중에 확인한 결과, 그들은 진짜(!) '경제 무식자들'이었고, 그 좋은 질문들은 정말로 경제를 알고자 하는 욕구의 발로였다.

것은 알겠지만, 왜 마르크스주의 경제학이어야 하는가'라고 물을지 모르겠다. 만약 내가 이 대목에서 이러한 질문까지 끌어냈다면, 지금까지 이 글은 대성공이다. 왜냐하면 이 책《경제 무식자 불온한 경제학을 만나다》자체가 이 질문에 대한 좋은 답변이 될 것이기 때문이다. 이제 당신은 이 책을 읽으면 된다!

이 책의 저자인 김성구 교수는 지난 30년간 그런 의문을 품은 이들에게 가장 훌륭한 교사였다. 아마 이 책은 지금껏 그가 쓴 책이나 논문 중에서 가장 쉬운 것이 아닐까 한다. 그런 만큼 이 책을 통해 그의 작은 목소리가 크게 울려 퍼졌으면 한다.

낮은책들 1

경제 무식자 불온한 경제학을 만나다

2016년 11월 18일 초판 1쇄 발행
2016년 12월 8일 초판 2쇄 발행

지은이   김성구
기획   워커스

편집   김삼권 조정민 최인희
디자인   정은경디자인
인쇄   ㈜미광원색사
종이   ㈜한서지엽

펴낸곳   나름북스
펴낸이   임두혁
등록   2010.3.16. 제2010-000009호
주소   서울 마포구 동교로 18길 31(서교동) 302호
전화   (02)6083-8395
팩스   (02)323-8395
이메일   narumbooks@gmail.com
홈페이지   www.narumbooks.com
페이스북   www.facebook.com/narumbooks7

ISBN   979-11-86036-26-6 03300

이 도서의 국립중앙도서관 출판예정도서목록(CIP)은 서지정보유통지원시스템
홈페이지(http://seoji.nl.go.kr)와국가자료공동목록시스템(http://www.nl.go.kr/kolisnet)
에서 이용하실 수 있습니다.(CIP제어번호: CIP2016025180)